DIE FAHNEN VON WATERLOO

UMKÄMPFT EROBERT VERLOREN

Der Wind der fallenden Blätter

So viel Regen ist notwendig
Um die Ahornblätter
Perfekt zu färben
Aber ein einziger Windstoß
Bläst sie hinweg

Aus den 125 Gedichten
des japanischen Meji-Kaisers,
1868-1912

Danksagung

Besonders herzlich danke ich meinen Autorenkollegen Markus Gärtner, Lampertheim, sowie Markus Stein, Mannheim, für die Bereitstellung von Bildmaterial musealer Originalstücke und hilfreicher ergänzender Arbeitsunterlagen. Markus Gärtner hat durch vielerlei weiterführende Hinweise und kritisches Gegenlesen von Arbeitsabschnitten das Entstehen des Buches freundschaftlich in besonderer Weise begleitet.

Autorenkollege Oliver Schmidt, Darmstadt, hatte durch seine stets freundlichen Hinweise und korrigierenden Anmerkungen wesentlichen Anteil am Gelingen des Abschnittes über die Fahnen der preußischen Armee.

An dieser Stelle sei den Freunden napoleonischer Militärgeschichte die unter Federführung von Markus Stein gestaltete Internetseite *„http://www.napoleon-online.com"* empfohlen. Die Website zeichnet sich durch eine Fülle qualifizierter Beiträge namhafter Autoren aus, ergänzt durch Reproduktionen seltener Primärquellen und Fotoserien musealer Realstücke.

Andre Kolars, Mitglied der historischen Darstellungsgruppe „Herzoglich Braunschweigisches Feldcorps e.V.", bereicherte den Abschnitt über die Fahnen der braunschweigischen Armee durch das freundliche Bereitstellen hilfreichen Materials. Obengenannte Gruppe stellt auf der umfangreichen Website *„http://www.braunschweiger-feldkorps.de"* ihr Wirken vor, darüber hinaus sind dort zahlreiche Publikationen zur braunschweigischen Armee der Zeit zu finden.

Bei der Bearbeitung dieses Bandes sorgten die von Seiten des Autors immer wieder aufgeschobenen Abgabetermine dafür, dass die Geduld zahlreicher Beteiligter mitunter an ihre Grenzen stieß. Für den Langmut, welcher dem Verfasser insbesondere von Seiten des Verlages langfristig dennoch zuteil wurde, an dieser Stelle ein ganz herzliches Dankeschön!

Autor, Illustrationen, Layout: Rolf Fuhrmann
Bilddokumente: Markus Gärtner, Markus Stein.
Lektorat: Stefan Müller

Herausgeber:
Zeughaus Verlag GmbH
Knesebeckstr. 88, 10623 Berlin

Telefon: 030/315 700 30
Fax: 030/315 700 77
Email: info@zeughausverlag.de
Internet: www.zeughausverlag.de

Printed in Germany by Druckhaus Humburg GmbH & Co. KG

Bibliografische Informationen der Deutschen Bibliothek
Die Deutsche Bibliothek verzeichnet diese Publikation in der Deutschen Nationalbibliografie; detaillierte bibliografische Daten sind im Internet abrufbar über
http://dnb.ddb.de

ISBN: 978-3-938447-44-4

INHALT

Feldzeichen. Allgemeine Einführung 4

Schlacht von Waterloo 18. Juni 1815 6

Die kaiserlich französische Armee 8

Die königlich britische Armee 22

Die Königlich Deutsche Legion (KGL) 34

Die königlich hannoversche Armee 42

Die herzoglich nassauische Armee 44

III. preussisches Armeekorps, sächsische Division:
Die Fahne des I. Garde-Bataillons 49

Die herzoglich braunschweigische Armee 50

Die Armee des Königreichs der vereinten Niederlande 56

Die königlich preußische Armee 60

Literaturauszug 72

Titelbild:

Leutnant Martin, Adlerträger des 1. Jäger-Regiments der Alten Garde

Bei den Gardetruppen waren die auf den Fahnenstangen thronenden Adler vor dem Abmarsch aus Paris mit einem schwarzem „Trauerflor" verhüllt worden (siehe Seite 16).

Ein preußischer Teilnehmer an den Kämpfen um Plancenoit erwähnt ein schwarzees Tuch, welches den umkämpften Adler der dort eingesetzten Garde-Infanteristen bedeckt. Der Preuße nimmt jedoch an, das Tuch sei in einem der Häuser des Dorfes gefunden und um den goldglänzenden Adler gewickelt worden, um diesen vor den begehrlichen Blicken der Feinde zu verbergen.

Bei der Garde trugen die *lieutenants,* welche hier gegenüber denen der Linientruppen im nächsthöheren Dienstrang eingestuft waren, die goldenen Epauletten eines *capitaine.*

Bei Waterloo kämpften Mannschaften und Unteroffiziere im gewöhnlichen Feldanzug (dunkelblauer Mantel und Bärenfellmütze ohne Stutz und Kordelbehang), als Beinkleider dazu meist dunkelblaue, weniger häufig auch weiße Pantalons.

Offiziere bevorzugten anstelle des Mantels einen dunkelblauen *surtout.* Der Mantel wurde dann von den Offizieren, wie dargestellt, *„en bandouliere"* getragen. Im Feld konnte von allen Infanterie-Offizieren anstelle der sonst vorgeschriebenen Kopfbedeckungen ein Zweispitz aufgesetzt werden.

Bildrand links:

Ärmelabzeichen, Fahnenträger- und Begleit-Unteroffiziere

Von oben nach unten: Fahnen-Feldwebel der Königlich Deutschen Legion, Bataillonsflaggenträger der niederländischen Jäger, *colour-sergeant* der britischen Infanterie, Fahnenträger der braunschweigischen Linien-Infanterie.

Feldzeichen. Allgemeine Einführung

Truppenfahnen und Standarten besaßen während der napoleonischen Zeit eine zentrale Bedeutung im Rahmen der Gefechtsführung. Dennoch wird ihnen in den überaus zahlreichen Publikationen zur Schlacht von Waterloo doch eher selten einmal besondere Aufmerksamkeit zuteil.

Im Laufe der erbitterten Schlachten bei Quatre Bras am 16. Juni und Waterloo am 18. Juni 1815 kam es zu zahlreichen Kämpfen um gegnerische Fahnen oder Flaggen, ausgetragen sowohl zwischen kleineren Gruppen als auch unter einzelnen Soldaten.

Bemerkenswert ist dabei, dass dennoch nur in einigen wenigen Fällen Feldzeichen tatsächlich in die Hand des Feindes fielen. Ihre äußerst hartnäckige Verteidigung und die vielen mit ebenso großer Entschlossenheit unternommenen Eroberungsversuche indes forderten an jenen beiden Junitagen das Leben unzähliger Beteiligter.

Welchen Wert und welche Funktion hatten die Fußtruppen-Fahne und die Kavallerie-Standarte für die Truppe? Wo war ihr Platz in den verschiedenen taktischen Aufstellungen? Wer waren deren Träger und die Angehörigen der sie umgebenden Begleitgruppe?

56e Infanterie de Ligne, Fahnenmuster 1815
Paris. Musée de L'Empéri, Salon de Provence.
Foto Markus Gärtner.

Die vorliegende Bearbeitung erläutert neben den häufig geradezu als Kultstücke verehrten eigentlichen Feldzeichen auch die diversen Flaggen- und Fähnchentypen, welche im Gegensatz zur Truppenfahne lediglich rein praktischen Zwecken auf dem Gefechtsfeld dienten. Dazu gehören auch die Lanzenwimpel der zahlreichen an den Kampfhandlungen beteiligten Ulanen-Einheiten.

Die Begriffe *"Fahne"* und *"Flagge"* werden häufig verwechselt. Das Tuch einer Fahne ist dauerhaft mit einer seiner Seiten an der Stange befestigt, auch wird ihr meist eine besondere Verehrung entgegengebracht. Die Flagge hat dagegen eher die Stellung eines einfachen Zeichens, das Tuch ist leicht austauschbar und die Art ihrer Befestigung nicht für einen langfristigen Zeitraum gedacht.

Die *Fahne* ist das Feldzeichen der Infanterie, das der Kavallerie ist die *Standarte*. Bei ihrer Errichtung bekam eine Truppe im Rahmen einer feierlichen Zeremonie das Feldzeichen direkt vom obersten Kriegsherren verliehen, für gewöhnlich übergab es der Kaiser oder König in eigener Person.

Je häufiger eine Fahne ihrer Einheit in siegreichen Schlachten vorangetragen wurde, desto mehr lud sie sich mit dem Mythos gottgegebenen Ruhms auf. Wie sehr dem Feldzeichen eine kulthaft-religiöse Bedeutung zugemessen wurde, kommt gerade beim Akt der Fahnenweihe zum Ausdruck. Hier wurde die Fahne oder Standarte anläßlich der Übergabe an die betreffende militärische Einheit von einem Priester gesegnet und damit demonstrativ die Verbindung „Gott-König-Vaterland" zelebriert.

Beschädigungen an Tuch oder Stange galten als beredtes Zeugen vom Heldenmut einer Truppe.

Das Feldzeichen war bis zum letzten Mann zu verteidigen. Ließ eine Einheit ihre Fahne aufgrund eigener Unzulänglichkeit in die Hand des Feindes fallen, so galt dies als größtmögliche Schande. Solange sich der unglückliche Truppenteil nicht bei anderer Gelegenheit vor dem Feind in besonderer Weise bewährte, wurde ihm die Verleihung einer neuen Fahne oder Standarte verwehrt.

Für die während eines Gefechtes vom Truppenkörper versprengten Soldaten war das eigene Feldzeichen im dichten Pulverqualm ein gut sichtbares Sammel- und Orientierungszeichen. Oft waren dann die Positionen von Freund und Feind nur noch durch die hoch aufragenden bunten Tücher zu erkennen. Truppen wie Jäger und Schützen, welche häufig in kleinen und weit auseinandergezogenen Abteilungen agierten und so nicht in der Lage waren, ein Feldzeichen hinreichend verteidigen zu können, führten bei Kampfeinsätzen keinerlei Fahnen oder Standarten.

Nur wenige der bei Waterloo geführten Feldzeichen existieren noch heute in Museen oder Privatsammlungen. Wo die Fahnentücher längere Zeit den Einflüssen von Licht oder Luft ausgesetzt waren, sind die ursprünglichen Farben teilweise bis zur Unkenntlichkeit ausgeblichen oder verändert. Gerade in den Garnisonskirchen, welche oftmals als letzter Aufbewahrungsort ausgemusterter Fahnen dienten, hat sich auf- und niedersteigender Ruß sehr nachteilig auf deren Erhaltung ausgewirkt. Die dicke Staubschicht, welche sich dort im Laufe ungezählter Jahre der Zurschaustellung auf den alten, ruhmbehafteten Erinnerungsstücken ablagerte, fraß im Laufe der Zeit Risse und Löcher in die Seide. Schwefelverbindungen, welche mit Einführung der Gasbeleuchtung in der Raumluft freigesetzt wurden, führte darüber hinaus schließlich zum Einschwärzen der goldenen Verzierungen.

Ein Teil der alten Fahnen ist im Laufe der etwa 200 Jahre seit ihrem letzten Einsatz durch den Hin- und Hertransport zwischen verschiedenen Aufbewahrungsorten irgendwann nicht mehr aufzufinden gewesen oder erlag den Zerstörungen und Wirrnissen der beiden Weltkriege. Bei vielen in noch halbwegs gutem Erhaltungszustand in die Museen gekommenen Feldzeichen hatten zu guter Letzt dann ungünstige Lagerungsumstände oder unsachgemäße Restaurierungstechniken für den endgültigen Zerfall gesorgt. Auch Schimmelbildung oder Insektenfraß setzten manchem Fahnenstoff zu.

Die Fülle an bunten Feldzeichen der napoleonischen Zeit, insbesondere die großflächigen Fahnen der Fußtruppen, verdankten ihre Existenz einem kleinen asiatischen Falter, dem chinesischen Maulbeerspinner. Die Kokons seiner Raupen lieferten den überaus feinen Faden für die Herstellung des zur Fahnenproduktion gebrauchten Seidentaftes. Der Aufwand, welcher zur Gewinnung der begehrten Fäden betrieben werden mußte, war außerordentlich hoch. Seidenstoffe waren deshalb sehr teuer, doch bedurfte es ja eines besonders leichten Tuches, welches sich schon bei geringer Brise entfaltete. Auch durften die Kräfte der oftmals noch jugendlichen Fahnenträger bei der Handhabung der Feldzeichen mit ihren großen Tüchern möglichst wenig beansprucht werden.

Schon während der zweiten Hälfte des 18. Jh. hatte man u.a. in Preußen und dem Fürstentum Hannover begonnen, sich mit der Entwicklung eigener Seidenraupenzuchten zu befassen und die dafür notwendigen Maulbeerbaumplantagen angelegt. Das Halten der Falter, die Eiablage und Aufzucht der mit den Blättern der Bäume gefütterten Raupen geschahen in besonders klimatisierten Räumen. Aus den im Heißwasserbad entleimten Kokons gewann man Fäden zwischen 100 und 300m Länge, welche in Spinnereien und Webereien weiter verarbeitet wurden. Die Zuchten waren äußerst anfällig für Krankheiten, kleine Unachtsamkeiten bei der Pflege konnten eine ganze Spinnerpopulation vernichten. Die Wirren der napoleonischen Kriege trugen schließlich zum endgültigen Scheitern der Bemühungen um die einheimische Seidenproduktion bei.

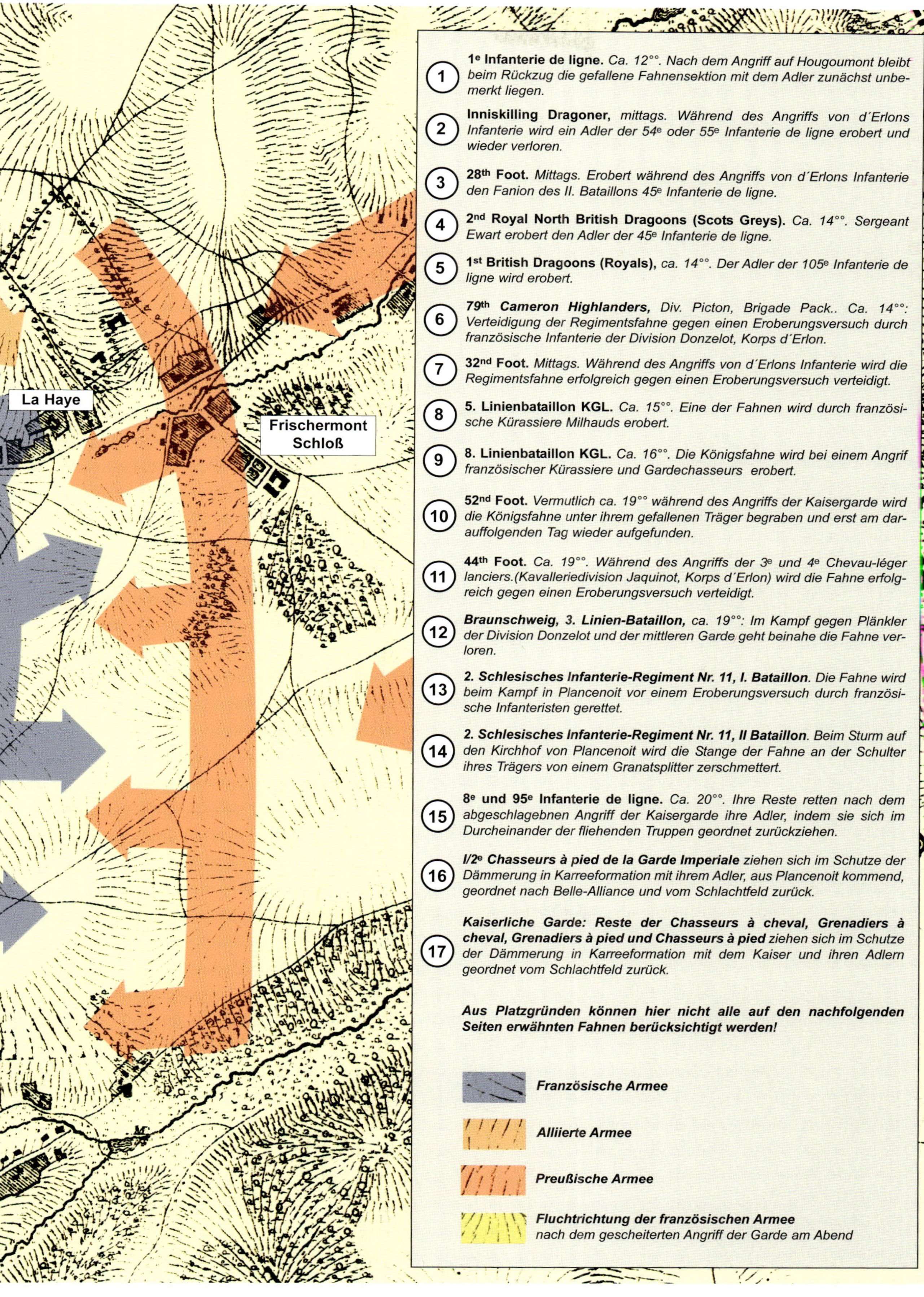
La Haye
Frischermont Schloß
1 1e Infanterie de ligne. Ca. 12°°. Nach dem Angriff auf Hougoumont bleibt beim Rückzug die gefallene Fahnensektion mit dem Adler zunächst unbemerkt liegen.
2 Inniskilling Dragoner, mittags. Während des Angriffs von d´Erlons Infanterie wird ein Adler der 54e oder 55e Infanterie de ligne erobert und wieder verloren.
3 28th Foot. Mittags. Erobert während des Angriffs von d´Erlons Infanterie den Fanion des II. Bataillons 45e Infanterie de ligne.
4 2nd Royal North British Dragoons (Scots Greys). Ca. 14°°. Sergeant Ewart erobert den Adler der 45e Infanterie de ligne.
5 1st British Dragoons (Royals), ca. 14°°. Der Adler der 105e Infanterie de ligne wird erobert.
6 79th Cameron Highlanders, Div. Picton, Brigade Pack.. Ca. 14°°: Verteidigung der Regimentsfahne gegen einen Eroberungsversuch durch französische Infanterie der Division Donzelot, Korps d´Erlon.
7 32nd Foot. Mittags. Während des Angriffs von d´Erlons Infanterie wird die Regimentsfahne erfolgreich gegen einen Eroberungsversuch verteidigt.
8 5. Linienbataillon KGL. Ca. 15°°. Eine der Fahnen wird durch französische Kürassiere Milhauds erobert.
9 8. Linienbataillon KGL. Ca. 16°°. Die Königsfahne wird bei einem Angrif französischer Kürassiere und Gardechasseurs erobert.
10 52nd Foot. Vermutlich ca. 19°° während des Angriffs der Kaisergarde wird die Königsfahne unter ihrem gefallenen Träger begraben und erst am darauffolgenden Tag wieder aufgefunden.
11 44th Foot. Ca. 19°°. Während des Angriffs der 3e und 4e Chevau-léger lanciers.(Kavalleriedivision Jaquinot, Korps d´Erlon) wird die Fahne erfolgreich gegen einen Eroberungsversuch verteidigt.
12 Braunschweig, 3. Linien-Bataillon, ca. 19°°: Im Kampf gegen Plänkler der Division Donzelot und der mittleren Garde geht beinahe die Fahne verloren.
13 2. Schlesisches Infanterie-Regiment Nr. 11, I. Bataillon. Die Fahne wird beim Kampf in Plancenoit vor einem Eroberungsversuch durch französische Infanteristen gerettet.
14 2. Schlesisches Infanterie-Regiment Nr. 11, II Bataillon. Beim Sturm auf den Kirchhof von Plancenoit wird die Stange der Fahne an der Schulter ihres Trägers von einem Granatsplitter zerschmettert.
15 8e und 95e Infanterie de ligne. Ca. 20°°. Ihre Reste retten nach dem abgeschlagebnen Angriff der Kaisergarde ihre Adler, indem sie sich im Durcheinander der fliehenden Truppen geordnet zurückziehen.
16 I/2e Chasseurs à pied de la Garde Imperiale ziehen sich im Schutze der Dämmerung in Karreeformation mit ihrem Adler, aus Plancenoit kommend, geordnet nach Belle-Alliance und vom Schlachtfeld zurück.
17 Kaiserliche Garde: Reste der Chasseurs à cheval, Grenadiers à cheval, Grenadiers à pied und Chasseurs à pied ziehen sich im Schutze der Dämmerung in Karreeformation mit dem Kaiser und ihren Adlern geordnet vom Schlachtfeld zurück.
Aus Platzgründen können hier nicht alle auf den nachfolgenden Seiten erwähnten Fahnen berücksichtigt werden!
Französische Armee
Alliierte Armee
Preußische Armee
Fluchtrichtung der französischen Armee
nach dem gescheiterten Angriff der Garde am Abend

DIE KAISERLICH FRANZÖSISCHE ARMEE

Extrablatt des Pariser Monitor am Morgen des 21. Juni mit dem offiziellen französischen Report über die Kampfhandlungen vom 16. und 18. Juni 1815:[1]

„In einem, von dem achten Kürassierregiment angegriffenen, Viereck, fiel die Fahne des neunundsechzigsten englischen Regiments in unsere Hände.“
Aus dem Bericht über die Schlacht von Quatre Bras.

"Der Verlust des Feindes muß sehr groß gewesen sein nach den Fahnen zu urteilen, die wir ihm abgenommen haben."
Aus dem Bericht über die Schlacht von Waterloo.

"Um halb neun hatten wir vierzig Kanonen, mehrere Protzen, Fahnen und Gefangene ... um zehn Uhr ... fanden wir uns als Herren des Schlachtfeldes".
Aus dem Bericht über die Schlacht von Ligny.

Im Laufe der Kämpfe von Quatre Bras und Waterloo erbeuteten französische Soldaten sechs Fahnen alliierter Truppen. Dagegen hatten die Regimenter Napoleons trotz der katastrophalen Niederlage am Abend des 18. Juni, verbunden mit einer panikartigen Flucht großer Teile der Armee, nur zwei ihrer Adler an den Feind verloren.

Bei der Recherche über die französischen Fahnen von 1815 und ihre Träger bleiben, weit mehr noch als bei den Truppen der anderen beteiligten Armeen, etliche Fragen unbeantwortet. Auffallend sind vor allem die vielen Widersprüche und zahlreichen falschen Angaben, auf welche man in der älteren und jüngeren Waterloo-Literatur diesbezüglich trifft. Angesichts der Umstände, unter denen der aus Elba zurückgekehrte Kaiser seine neue Armee innerhalb nur weniger Wochen organisierte, ausrüstete und wieder verlor, kann dies jedoch nicht verwundern.

Eine ganze Reihe grundlegender Erkenntnisse über die französischen Feldzeichen der Hundert Tage sind dem 1902 herausgegebenen Standardwerk *„Nos Drapeaux et Étandards de 1812 à 1815“* von O. Hollander entnommen. Im Rahmen der neueren Fahnenforschung ist der Experte Pierre Charrié zu erwähnen, dessen 1982 erschienene umfangreiche Bearbeitung *„Drapeaux et Etandards de la Revolution et de l´Empire“* nach wie vor große Beachtung verdient.

1814

Nach der Regierungsübernahme durch die Bourbonen hatte die Armee im September 1814 neue Feldzeichen erhalten, welche mit ihrer Symbolik an die vorkaiserliche Zeit anknüpften. Die vorhandenen napoleonischen Fahnen und Standarten dagegen waren ausnahmslos abzuliefern und an das Kriegsministerium nach Paris zu senden, um im Artilleriedepot von Vincennes vernichtet zu werden. Den Petitionen einiger Regimentschefs, ihren Adler unter Berücksichtigung der zahlreichen Siege, welche darunter erfochten worden waren, als Erinnerungsstück in der Truppe behalten zu dürfen, wurde nicht entsprochen. Insgesamt etwa 20 Regimentern gelang es indes, die von ihnen verehrten Feldzeichen oder Teile davon der Ablieferung zu entziehen und heimlich zu verwahren. Dazu gehörten zwei Adler der Gardejäger zu Fuß und eine Standarte der Gardejäger zu Pferd, sieben Adler der Linien-Infanterie, neun der Kavallerie und der Adler der Marine-Artillerie. Die beiden Fahnen der Chasseurs à pied de la Garde waren bis zur Rückkehr Napoleons gerettet worden, indem der Marschall Herzog von Reggio sie im Alkoven seines Schlafzimmers versteckt gehalten hatte.[2]

Die 1814 eingezogenen Feldzeichen wurden zur Verwertung in die staatliche Münze abgeliefert und dort zunächst zerlegt. Vor dem Einschmelzen entfernte man die Messingziffern der Regimentsnummern von den Konsolen im Hinblick auf eine etwaige spätere Wiederverwendung. Niemand konnte jedoch zu diesem Zeitpunkt ahnen, dass genau diese Ziffern ausgerechnet auf den Kästen jener Adler prangen würden, welche der aus Elba zurückgekehrte Kaiser im Mai 1815 für seine neu aufgestellte Armee anfertigen lassen sollte![3]

7e Infanterie de ligne, Grenoble

Als der Kaiser mit seiner wenige hundert Mann starken Schar, dem *„geheiligten Bataillon“,* 1815 die Insel Elba verliess, führte man in Ermangelung eines offiziellen militärischen Feldzeichens den *„Elba-Adler“* mit sich (siehe Abb. auf nebenstehender Tafel). Wenige Tage nach ihrer Landung in Südfrankreich am 7. März hatte die kleine Streitmacht des Kaisers auf ihrem Marsch die Festung Grenoble in der Dauphiné erreicht. Hier ging die zur Besatzung gehörende *7e Infanterie de ligne*, unter dem Kommando von Oberst La Bédoyère, zum Kaiser über. Das Regiment hatte seinen von der Fahnenstange abgenommenen Adler heimlich aufbewahrt. La Bédoyère zog das Kleinod nun aus seiner Manteltasche hervor und präsentierte es der jubelnden Truppe. Der Adler wurde auf dem Zweig einer Weide angebracht und unter allgemeiner Begeisterung dem Regiment vorangetragen.[4] Als die Streitmacht unter der Führung ihres Kaisers in Paris einmarschierte, trug sie eine improvisierte Trikolore - ein Geschenk der Bürger von Lyon. Das Tuch trug die Aufschrift *„Les Lyonnais à la Garde Impériale - mars 1815“*, auf der Stange saß ein frei gestalteter Adler.[5]

Die Fahne des „geheiligten Bataillons“

In seinem Werk „La Garde Imperiale“ (Paris 1901) zeigt L.Fallou den oben erwähnten *„Adler der Insel Elba“,* welcher für das 1. Regiment der Garde-Grenadiere während des Aufenthalts der Truppe auf der Insel angefertigt worden war. Die 1814 vorhandenen Adler hatten in Frankreich verbleiben müssen. Leutnant Noisot, Träger der Elba-Fahne, hatte das Feldzeichen später aufbewahrt. Dies war der Adler, welcher von dem mit Napoleon in Südfrankreich gelandeten *„bataillon sacré“* auf dem Marsch nach Paris mitgeführt wurde.[7]

1: „Elba-Adler“. *Tuch und Cravate, sowie der aus Holz geschnitzte und vergoldete Adler-Aufsatz. Embleme und Beschriftung auf dem Fahnentuch sind gemalt.*[6]
2, 2a: Adler der 1 Chasseurs à pied de la Garde.
Rekonstruktion des Autors nach erhaltener Garde-Standarte Abb. Nr. 5 und den Mustern 1812/13.
3a, 3b: Abzeichen auf den Fahnentüchern der Garde-Regimenter. *Anstelle des „N“ in den mittleren Kränzen, sowie auf der Kastenvorderseite unterhalb des Adlers trugen die Feldzeichen der Muster 1812/13 bei einigen Gardetruppen das Granaten- bzw. Jagdhorn-Emblem.*
2a: 1. Grenadiere zu Fuß, Regiment Grenadiere zu Pferd und Regiment der Kaiserin-Dragoner.
2b: 1. Jäger zu Fuß, Regiment Jäger zu Pferd.
4, 4a: Fahnentuch und Cravate zum Adler der reitenden Garde-Artillerie 1815. *Nach den erhaltenen Stücken im Musée de l´Armée. .*
6: Details, Fahnentuch für Garde-Infanterie 1815.

---

1) Waterloo Accounts, S. 78
2) Hollander, S. 226
3) P.Charrie: Aigles et Drapeaux en 1815 (1987). S. 23
4) Hollander S.172
5) P.Charrie, ebenda. S. 23
6) Fallou S. 113, 116

La Garde Imperiale

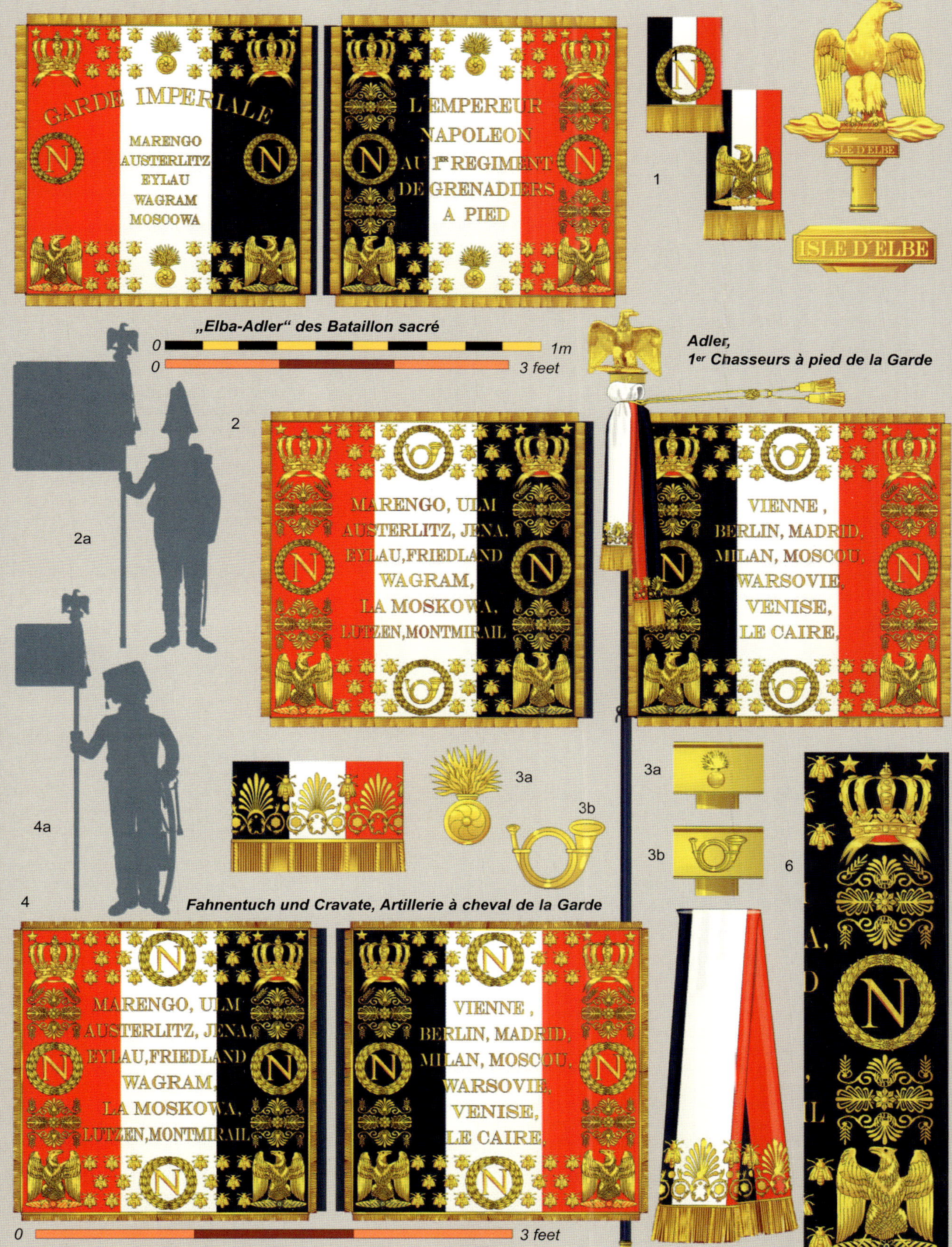

„Elba-Adler“ des Bataillon sacré

Adler, 1er Chasseurs à pied de la Garde

Fahnentuch und Cravate, Artillerie à cheval de la Garde

Die Armee

> **"Ihr schwört,**
> **dem Kaiser und der Verfassung des Kaiserreiches treu zu sein,**
> **und Euren Vorgesetzten zu gehorchen um ihm zu dienen.**
> **Ihr schwört, Euren Adler niemals im Stich zu lassen,**
> **ihm an jeden Ort zu folgen,**
> **und ihn mit Eurem Leben zu verteidigen."**
>
> Fahneneid, mit dem Offiziere, Unteroffiziere und Mannschaften durch Erheben der rechten Hand oder Berühren des Feldzeichens auf die 1815 neu erhaltenen Adler schwörten.

Die von Napoleon 1815 aufgestellten Truppen bestanden zu einem großen Teil aus kriegserfahrenen Veteranen, welche die Rückkehr des Kaisers aus Elba herbeigesehnt hatten. Napoleon organsierte seine neue Armee innerhalb kürzester Zeit unter immensen wirtschaftlichen und organisatorischen Schwierigkeiten. Umso mehr muß es erstaunen, dass die Regimenter der Nordarmee, mit welcher Napoleon in Belgien einmarschierte, überwiegend vorschriftsmäßig uniformiert und ausgerüstet werden konnten.[8]

Der kaiserliche Adler

Mit Befehl vom 13. März 1815 hatte der Kaiser noch in Lyon verfügt, dass die Feldzeichen der Regimenter seiner neuen Armee wieder „Adler" mit der Trikolore als Fahnentuch sein sollten.

Am 1. Juni 1815 wurden den Truppen während einer großen Zeremonie auf dem Pariser Marsfeld, dem *Champ-de-Mai,* durch Napoleon die neuen Adler verliehen. Die Feldzeichen wurden dort an Abgeordnete der verschiedenen Regimenter ausgehändigt, welche sich noch in der gleichen Nacht mit den neuen Adlern auf den Weg zurück zu ihren Truppenteilen machten. Am 4. Juni erhielten die Nationalgarde und einige jener für die Zeremonie am 1. Juni verspätet eingetroffenen Regimentsdelegationen ihre Adler.

Die Fahnen und Standarten waren zunächst bei den Regimentskommandeuren zu deponieren. Diese erhielten dann detaillierte Anweisungen aus dem Kriegsministerium mit Angaben zu Ort, Zeit und Ablauf der offiziellen Übergabe an die einzelnen Truppenteile. Dabei wurde auf die noch in frischem Gold glänzenden Feldzeichen im Rahmen einer großen Parade der Fahneneid abgelegt. Bei manchen der Regimenter erfolgte zuvor eine Weihe des Adlers in einem kirchlichen Gottesdienst.

Adler der 45. Linien-Infanterie.
(Scottish United Services Museum, Edinburgh).
Foto Markus Gärtner.

Mit „Adler" *(aigle)* ist für gewöhnlich das komplette Feldzeichen gemeint. Die Bezeichnung schließt also neben der eigentlichen Adlerfigur und dem seidenen Fahnenblatt sowohl die hölzerne Stange, als auch den unter dem Adler befindlichen Kasten, sowie die Cravate, Kordeln und Quasten ein.

Der aus rechteckigen Messingblechstücken zusammengesetzte Kasten *(Konsole)* trug auf der Vorderseite die mittels einiger Schräubchen befestigte Regimentsnummer. Bei einigen der 1812/13 an die Garde verliehenen Adler befand sich anstelle von Ziffern das Emblem der Grenadiere oder das Jägerhorn der Chasseurs an der Konsolenfront. War dies auch an den Kästen der Adlermuster 1815 wieder der Fall? Die Adler der Fremdenregimenter zeigten keinerlei Zahlen (siehe Tafel, Abb. Nr.1).

Die Soldaten bezeichneten den auf der Konsole thronende Adler gemeinhin als *„Vogel"* oder *„Kuckuck"*, der unter seinem rechten Fang angebrachte Donnerkeil aber war die *„Zigarre"*.

Eine Ähnlichkeit der kaiserlichen Fahnenadler mit dem Adler des siegreichen Rom war von Napoleon beabsichtigt, als er in seinen Instruktionen von 1804 verfügte *"Der Adler mit ausgebreiteten Schwingen [...] wird an der Spitze der Standartenstangen angebracht sein, so wie ihn die Römer trugen. Die Fahne wird in dem selben Abstand unter dem Adler befestigt sein, wie es das Labarum war".* Dabei sollte die Stange mit dem Adler das eigentliche Feldzeichen sein, das Fahnentuch dagegen wurde lediglich als Beiwerk von minderer Bedeutung betrachtet.[9]

Die Trageweise des Adlers ohne das Tuch kam im Feldzug 1815 nicht vor.

Am 22. April 1815 hatte Napoleon die Anweisungen zur Herstellung der für die neu aufgestellte Armee benötigten Standarten und Fahnen gegeben. Gerade einmal fünf Wochen darauf konnten sie an die Truppe verliehen werden.

Vorschriften zur Gestaltung der Fahnen von 1815 sind nicht bekannt. Auch wurden bis jetzt keinerlei zeitgenössische Bilddarstellungen entdeckt, welche als Vorlagen für die Hersteller gedient haben könnten. Die Adlerfigur aus vergoldetem Bronzeguß unterscheidet sich von den beiden Vorgängermodellen 1804 und 1810/11 durch eine leicht veränderte Gestalt (siehe Abb.3 auf folgender Tafel). Um den gießtechnischen Vorgang zu vereinfachen und die Herstellungskosten zu senken, war der neue „Vogel" kompakter und gedrungener, seine Flügelhaltung deutlich weniger gespreizt, der Schnabel geschlossen. Mit ca. 1,5kg Gewicht war dieser Adler 500g leichter. Wie schon bei den älteren Ausführungen, übernahm die Pariser Firma *Thomire, Duterme et Compagnie* die Herstellung. Praktischerweise konnte man für die Produktion auf die Bronze der 1814 eingeschmolzenen Adler zurückgreifen.

Die Fahnenstange aus Eichenholz war in „kaiserlichem Blau" gestrichen. Ihre Länge ohne den Adleraufsatz variierte an Infanterie-Feldzeichen 1812/13 zwischen etwa 170 und 245cm. Für 1815 ist keine vorschriftsmäßige Längenangabe bekannt.

Die neuen Fahnentücher unterschieden sich bei den Linien-Regimentern von den Mustern 1812/13 auf den ersten Blick durch das sehr einfach gehaltene Dekor. Terence Wise erwähnt in seinen Veröffentlichungen, leider ohne Angabe einer Quelle, das Blau und das Rot der Fahnentücher habe 1815 eine deutlich hellere Färbung gezeigt. Weder Hollander noch Charrié gehen allerdings auf diesen Aspekt ein. Anhand der bewahrt gebliebenen Stücke kann die ursprüngliche Farbintensität jedoch nicht beurteilt werden - sie befinden sich in einem mehr oder weniger stark ausgeblichenen Zustand. Bei einigen Fahnentüchern ist vom roten oder blauen Pigment überhaupt gar nichts mehr vorhanden. Die erhaltenen Fahnentücher von Linien-Truppen weisen ein helles Blau und ein helles Rot auf,

---

7) Charrié: Drapeaux et Etandards, S. 189
8) Carnets de la Campagne Nr.4, S. 42
9) Fraser, Drama of the eagles S. 10

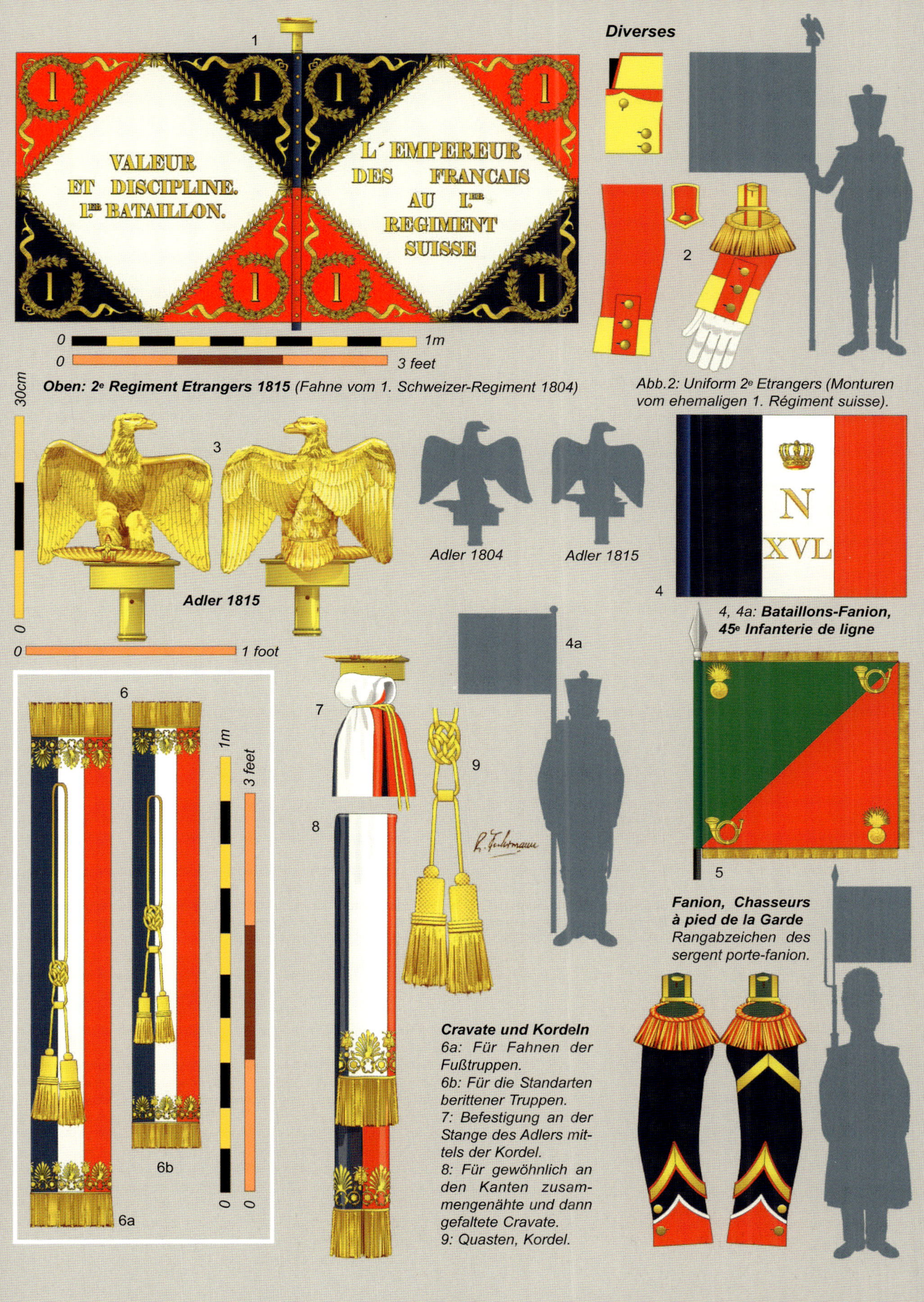

Oben: 2e Regiment Etrangers 1815 (Fahne vom 1. Schweizer-Regiment 1804)

Abb.2: Uniform 2e Etrangers (Monturen vom ehemaligen 1. Régiment suisse).

4, 4a: **Bataillons-Fanion, 45e Infanterie de ligne**

Fanion, Chasseurs à pied de la Garde
Rangabzeichen des sergent porte-fanion.

Cravate und Kordeln
6a: Für Fahnen der Fußtruppen.
6b: Für die Standarten berittener Truppen.
7: Befestigung an der Stange des Adlers mittels der Kordel.
8: Für gewöhnlich an den Kanten zusammengenähte und dann gefaltete Cravate.
9: Quasten, Kordel.

die der Nationalgarde-Fahnen des Typs 1815 dagegen ein tiefdunkles Blau und ein kräftiges Rot. Hatte man bei der Seide für die Fahnentücher der Linien-Regimenter den färbetechnischen Aufwand gegenüber denen der Garde- und Nationalgarde-Fahnen vereinfacht?

Das Fahnenblatt war quadratisch und bestand aus einer doppelten Seidentaftlage. Erhaltene Fahnen der Linien-Infanterie zeigen Kantenlängen zwischen etwa 100 und 115cm.[10] Die goldenen, zwischen den Seidenlagen festgenähten Fransen waren zwischen 4cm und 2,5cm lang. Standarten für berittene Truppen hatten Tücher von ca. 55cm Kantenlänge, ihre Fransenlänge betrug zwischen 2,5 und 1,5cm. Das Fahnentuch wurde nicht angenagelt. Vielmehr war an seiner Stangenseite ein seidener Schlauch festgenäht, der an beiden offenen Enden Durchzüge für ein Befestigungsbändchen aufwies.

Die Cravate war für gewöhnlich entlang ihrer roten und blauen Außenkante zusammengenäht. Abb. Nr.7 auf der Tafel S. 12 zeigt die vorschriftsmäßige Art der Anbringung unterhalb der Konsole, eine häufig anzutreffende Befestigungsvariante ist auf der Abb. Nr.1, Tafel S. 15 zu sehen.

Um den Herstellungsprozess möglichst wenig arbeitsaufwendig zu gestalten, wurden bei den Linientruppen-Fahnen die Beschriftungen nicht wie früher direkt auf die Fahnenseide gestickt. Vielmehr erfolgte zunächst das Aufsticken separater Buchstaben auf Unterlagen aus schwarzem Stoff. Die sodann sauber ausgeschnittenen Einzelbuchstaben und -Ziffern wurden dann auf das Fahnentuch appliziert. Die um die Ränder des Fahnenblattes laufende feine Lorbeer-Ornamentik ist in direkter Stickerei aufgebracht, ein zusätzlicher feiner Randstreifen aus Blattgold aufgelegt (siehe Tafel S. 15).

Die Schlachtenmottos auf den Rückseiten der Fahnen von 1815 sind jene, welche die einzelnen Regimenter bereits 1812 geführt hatten. Einige Truppenteile hatten weitere Auszeichnungen für die Feldzüge von 1812-14 dazubekommen. Eine etwaige Liste mit den Angaben der auf den Fahnen 1815 befindlichen Schlachtenmottos aller Regimenter ist nach Charrie nicht bekannt.

Während von den Fahnentüchern der Linientruppen eine ganze Reihe heute noch existieren, zeugen vom Aussehen der an die Kaisergarde verliehenen Fahnen und Standarten einzig das Fahnentuch und die Cravate der berittenen Artillerie (siehe Tafel S. 9). Das Tuch des Gardefahnenmusters 1815, weitgehend mit dem Modell 1812 identisch, zeigt keine individuelle Regimentsbezeichnung mehr. Vielmehr präsentieren beide Seiten des Fahnenblattes eine auf allen Tüchern der Garde-Adler identische Auflistung von zusammen 16 Schlachten und Hauptstädten aus der glorreichen Geschichte des gesamten Gardekorps. Auf der Vorderseite finden sich die Städtebezeichnungen, auf der Rückseite die Schlachtennamen (Siehe Tafel S. 9, Abb.3). Dass diese Beschriftung auf allen Fahnentüchern der Garde identisch war, geht aus einem bei Hollander beschriebenen Notizenblatt mit entsprechenden Anmerkungen Napoleons hervor. Betreffs der Tuchgröße der Gardefahnen ist von knapp über 80 x 80cm für die Fußtruppen auszugehen, was der Vorschrift 1812 und den in gleicher Machart hergestellten Fahnentüchern der Nationalgarde 1815 entspricht.

Bei der Dekorierung der mit den Garde- und Nationalgarde-Adlern ausgelieferten Tücher kam dagegen eine geradezu kunstvolle Stickereitechnik zur Anwendung. Hier sind sowohl Embleme als auch Beschriftungen in höchst anspruchsvoller Sticktechnik direkt auf dem Seidentuch ausgeführt. Die Form der um die Schriftzüge herum angeordneten Emblematik ist bei beiden Truppen identisch

Handhabung, Träger, Fahnensektion

Mit der Aufstellung der Armee setzte Napoleon die 1812 erlassenen und zum Teil erst im Laufe des Jahres 1814 tatsächlich umgesetzten Uniform- und Ausrüstungsvorschriften wieder in Kraft. Soweit keine neueren Verordnungen des Kriegsministeriums hinsichtlich der Adler, ihrer Träger und deren Begleiter bekannt geworden sind, ist davon auszugehen dass auch hier die zuletzt gültigen Bestimmungen 1815 wieder Bestand hatten. Diese stammten aus dem jahr 1808 und ergänzend vom Dezember 1811. Das kaiserliche Dekret vom 13. April 1815 zur Neuformation der Infanterie sieht im Regimentsstab einen Adlerträger *(premier porte-aigle)* vor. Sein Dienstgrad war der eines *lieutenant* oder eines *sous-lieutenant*. Die beiden Begleit-Unteroffiziere (*deuxième porte-aigle* und *troisième porte-aigle)*, jeweils im Range eines *sergent-major*, gehörten dem Unterstab an.[11] Sowohl der Adlerträger-Leutnant als auch die Adlerträger-Unteroffiziere sollten ausgesuchte Leute mit einer besonders langen Dienstzeit und mit Feldzugserfahrung sein. Sie wurden unter den Angehörigen des gesamten Bataillons ausgewählt. In der *93e Infanterie de ligne* gehörte während des Feldzugs 1815 zu den Adlerbegleitern ein 19jähriger *sergent-major*, welcher mit 17 Jahren am Feldzug von 1813 teilgenommen und zuvor im Spanienkrieg gekämpft hatte.[12] Obwohl es die Bestimmung nicht vorsieht, dienten bei entsprechender Eignung auch Gemeine als Adlerbegleiter.

Bei den Regimentern der Garde, welche 1815 Adler führen, sind die Feldzeichenträger gemäß der Stabs-Personallisten durchweg *lieutenants en second* (Unterleutnants) Die beiden Artillerie-Regimenter der Garde verfügten über keinen *porte-aigle*.[13]

Die Bedeckung der *porte-aigles*, sowie auch des Bataillons-Fanion-Trägers, setzte sich laut Reglement seit 1808 aus den Fourier-Korporalen *(caporal-fourriers)* des Bataillons zusammen (Abb. S. 13, Nr.5). Da im Feld die Grenadier-Kompanie oft detachiert war und die Voltigeure als Plänkler agierten, ist fraglich ob deren *fourriers* dann in der Fahnenbedeckung standen. Schwarz beschreibt eine alternative Zusammensetzung des Bedeckungstrupps (Abb. S.13, Nr.7).

Zur Ausrüstung des *2e* und *3e porte-aigle* sollten mit einer Verfügung aus dem September 1809 neben speziellen Helmen oder Pelzmützen auch Pistolen in Holstern und Hellebarden *(espontons)* mit Wimpel *(banderole)* gehören. Auch 1815 waren vom Kriegsministerium wieder Espontons für die Ausstattung der 2. und 3. Adlerträger vorgesehen, wegen des unvermittelt begonnenen Feldzuges konnten sie jedoch nicht mehr rechtzeitig beschafft werden. Hollander erwähnt eine Quittung, welche das *48e Infanterie de ligne* über den Kauf selbst zugelegter Stangenwaffen 1815 erhalten hatte. Hinsichtlich etwa getragener Pistolen oder spezieller Kopfbedeckungen gibt es für 1815 jedoch keinerlei Nachrichten.

Die Bestimmungen von 1808 sahen spezielle Streifen und Winkel als Ärmelabzeichen für den 2e und 3e *porte-aigle* vor. Bis 1811 wurden diese mehrfach abgeändert, so dass in der Praxis eine große Bandbreite an Varianten noch 1814 in Gebrauch war (siehe nebenstehende Tafel). Die Streifen und Winkel der zur Adlergruppe gehörenden Unteroffiziere, aus Metalltresse gemäß der Knopffarbe, sind auf eine Unterlage aus abzeichenfarbigem Tuch genäht, welches 3mm vorsteht. Auch bei den Dienstperioden-Winkeln, welche für *sergents* vorschrifsmäßig aus roter, für *caporaux* wie für Gemeine aus gelber Wollborte sein sollten, wurde uneinheitlich verfahren. Unteroffiziere trugen ihre Dienstperioden-Winkel aus Metalltresse. Der zur Fahnenbedeckung gehörende *caporal-fourrier* hatte zwar Mannschaftsrang, trug jedoch, sofern Epauletten zur Uniform gehörten, die der Unteroffiziere (siehe nebenstehene Tafel).

Wenn das Fahnentuch im Feld nicht entrollt war, wurde es um die Stange gewickelt und mit einer Hülle vor Nässe und

10) P.Charrie, Aigles et Drapeaux en 1815
11) Coppens: Les Armées de Waterloo, S.57
12) Coppens/Courcelle: Les Carnets ... Nr.1, S. 56,57
13) Hollander, S. 219

Abzeichen der Adlerträger und -Begleiter

Abb.1: Epauletten für sous-lieutenant (1a, 1d) und lieutenant (1b, 1c, 1e) entsprechend der Farbe der Knöpfe. 1c, d: nach den Bestimmungen von 1812.
Die mit den Epaulettenvarianten getragenen Portepees: Abb.1f für Infanterie-Offiziere, 1e Offiziere der Kavallerie.
Abb.2: Unteroffiziere. 2a: Schulterklappen für Füsilier-Unteroffiziere (identisch mit denen der Mannschaften) und Unteroffiziere der Chasseurs bei der leichten Infanterie. 2d,e: Faustriemen am Säbel der sergent-majors. 2d in der Füsilierkompanie, 2e in der Grenadierkompanie.
Abb.3: 2e und 3e porte-aigle. Gemäß der Vorschrift vom 18. März 1811 (3a), und vom 25. Dezember 1811 (3b).

Die am linken Arm getragenen Winkel bezeichnen eine abgeleistete Dienstzeit von 10 Jahren (ein Winkel), 15 Jahren (zwei Winkel) und 20 Jahren (drei Winkel).

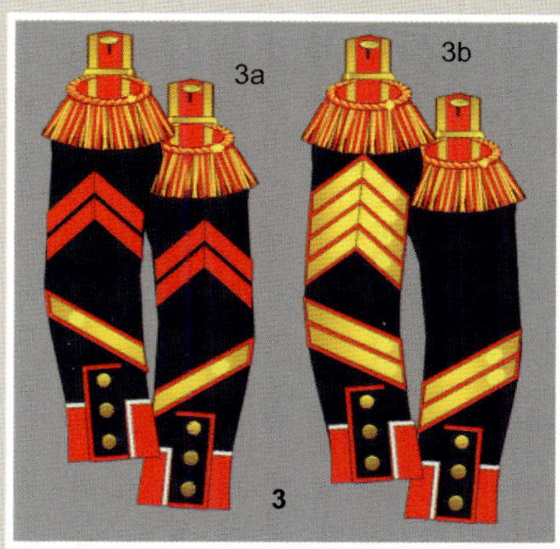

Ärmelabzeichen der Unteroffiziere

4a-4d: Sergent-major.
4a: Infanterie légère, 4b Mantel, Linien-Infanterie. 4c Füsiliere.
4d: 1er Chasseurs à pied de la Garde (Mantel). 4e: 1er Chasseurs à pied de la Garde, fourrier. 4f: 1er Grenadiers à pied de la Garde, caporal. **4g-4n: Jeweils linker Ärmel.** 4g: Sergent, Infanterie légère. 4h: Sergent, Linien-Infanterie). 4i, k, l: Caporal-fourrier („fourrier"). 4i, 4k: Häufige Varianten der Abzeichentrageweise für Fouriere (hier mit Dienstzeitwinkel). 4m: Caporal.

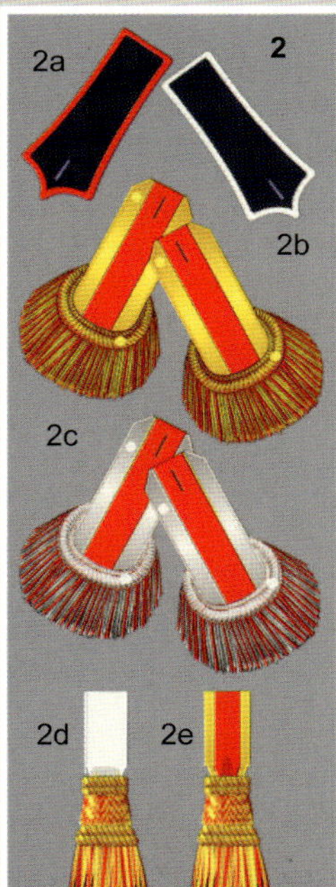

6

5: Infanterie, Fahnengruppe nach der Vorschrift 1811
Officier porte-aigle sowie als 2e und 3e porte-aigle zwei sergents. Die Bedeckung bilden alle sechs fourriers des Bataillons.

6: Faniongruppe (Vorschrift 1811). Sergent-major als porte-fanion mit Begleitern. Im 2. und 3. Glied stehen vier fourriers und zwei caporaux.

7: Adlergruppe, Aufstellungsvariante
[nach H. Schwarz, Gefechtsformen der Infanterie].

Verschmutzung geschützt. Charrié erwähnt eine Vernet-Tafel, auf welcher die zusammengerollte Fahne mit einem Überzug aus schwarz und weiß gestreiftem Gewebe verhüllt ist, am oberen Ende ein Etui aus braunem Leder für den Adler nebst Konsole. Auf dem Marsch wurde das Feldzeichen im Überzug, wahrscheinlich vom 2. oder 3. Adlerträger getragen, im Biwak für gewöhnlich an Gewehrpyramiden aufgesetzt (Tafel S. 19).

Kavallerie

Das Linien-Kavallerie-Regiment setzte sich aus zwei bis vier Eskadronen zu je zwei Kompanien zusammen. In der I. Eskadron bildete die 1. Kompanie die Elite. Der Standartenträger, *porte-aigle* oder *porte-étendard*, war ein Offizier im *lieutenant-* oder *sous-lieutenant*-Rang. Bei der Kavallerie gab es keine 2. und 3. Adlerträger. An der linken Seite des Standartenträgers ritt in der Angriffslinie als Begleiter ein *brigadier*, rechts neben ihm ein Reiter (Tafel S. 13, Abb.6a, 6b).

Pierre Charrié zitiert die Erinnerungen eines ehemaligen Kürassiers im 2. Regiment, wonach es bei der Kavallerie 1815 üblich gewesen sei, vor Beginn eines Angriffes die Standarte zurückzuziehen. Da der Adlerträger mit der Linken die Zügel hielt, blieb keine Hand frei zur Verteidigung des Feldzeichens. Außerdem bestand die Gefahr, dass während des Gefechts das Pferd getroffen und die Standarte unter diesem begraben wurde.

Dem Träger der Standarte würden für gewöhnlich dann zum besonderen Schutz zwei Unteroffiziere an die Seite gestellt. Vorschriftsmäßig war der Platz der Standarte am linken Flügel der 1. (der Elite-) Kompanie, im ersten Glied. In allen taktischen Aufstellungen befand sich links neben dem *porte-aigle* stets ein *brigadier*, rechts ein enfacher Reiter. Während der Attacke ließ sich der Adlerträger in das 2. Glied zurückfallen.

Die Position der Fahnensektion in der taktischen Aufstellung der Infanterie

Ein Infanterie-Regiment setzte sich im Feld aus zwei bis drei Bataillonen zusammen, jedes wiederum aus sechs Kompanien. Grenadiere und Voltigeure bildeten die beiden Flankenkompanien, vier Kompanien waren Füsiliere. Der Regiments-Adler wurde in der 1. Füsilierkompanie des I. Bataillons geführt. In der Gefechtsaufstellung ist der Platz des Adlerträgers im Zentrum der Kompanie, in der ersten Rotte der zweiten Sektion. An der rechten Seite des *porte-aigle* befindet sich der 2., an seiner Linken der 3. Adlerträger. Siehe Tafeln S. 13 und S. 19.

Leichte Infanterie und leichte Kavallerie

Napoleon hatte verfügt, dass bei der leichten Infanterie, den Dragonern und der leichten Kavallerie die Feldzeichen in den Depotkompanien verbleiben sollten. Auch diese Adler waren aber befehlsgemäß zur feierlichen Übergabe zunächst an die Feldtruppen geschickt worden. Die Korps der Nordarmee hatten die neuen Adler durch ihre vom Marsfeld zurückkehrenden Abordnungen erst wenige Tage vor der Schlacht von Waterloo erhalten - das III. und IV. Armeekorps am 13. bzw. am 14. Juni. Die Übergabe der Fahnen an die Regimenter des I. Korps war bei einer großen Parade am 12. Juni erfolgt.[14]

So haben vielleicht einige der leichten Truppenteile entgegen dem Befehl Napoleons bei Waterloo ihre Adler auf dem Gefechtsfeld doch geführt. Ein Offizier der *1er Infanterie léger* erwähnt in seinen Memoiren, deren Fahne sei vom Waterloo-Schlachtfeld aufgesammelt worden.

14) Hollander, S. 203
15) ebenda, S.31
16) Malibran, S.211

Bataillons-Flaggen, Fanions

Einem Bericht Davouts vom 5. Juni 1815 kann man entnehmen, dass Bestimmungen zu Bataillonsfanions vorgesehen waren, offensichtlich gelangten sie jedoch nicht mehr zur Ausführung. Gemäß der letzten bekannten Regelung, vom 20. Dezember 1811, hatte das quadratische Tuch der Fanions eine Größe von 81,2cm Kantenlänge und die Stangen eine Höhe von 2,60m einschließlich ihrer Spitze. Die Flaggen sollten einfarbig sein und weder Beschriftungen noch Fransen oder Cravaten aufweisen. Als Tuchfarbe war für das II. Bataillon weiß angegeben, für das III. rot und das IV. blau.[16] Die Beschaffung der Fanions hatte im Verantwortungsbereich der Regimentskommandeure gelegen, welche sich bei den Flaggentüchern manche Eigenmächtigkeiten ergaben. Dass Bataillons-Fanions auch im Feldzug 1815 vorhanden waren, ist der Erwähnung in Schilderungen alliierter Soldaten zu entnehmen. So führte das II. Bataillon der 105. Infanterie ein Fanion aus dunkelblauer Seide, darauf *„105me Régiment d´Infanterie de Ligne".*

Für die beiden Regimenter der Grenadiers à pied de la Garde beschreibt Fallou im Zusammenhang mit den 1812 erhaltenen Fahnentüchern, deren II. Bataillone hätten *„als Feldzeichen eine Flagge aus scharlachrotem Wolltuch gehabt, eingefasst mit einer Borte derselben Farbe, ohne Fransen oder Cravate."* Das Tuch sei *„im Zentrum und in jeder Ecke mit einer schwarze Granate versehen"* gewesen. Getragen worden seien die Fanions an einem geschwärzten Holzstab im Gewehrlauf eines Unteroffiziers.

Im Gegensatz zu den Adlern, welche beim Regimentskommandeur aufbewahrt werden sollten, hatte die Bataillonsflagge sich stets bei ihrem Träger zu befinden. Den Fanions sollte keine besondere Ehre bezeigt werden.[15] Der Fanionträger, nach der Vorschrift 1811 ein *sergeant-major* mit zwei *caporal-fourriers* als Begleitern, war indes tatsächlich häufig ein *sergent*.

Jaloneur-Fanion, Fanion d´alignement

Beide Flankenkompanien eines Infanterie-Bataillons besaßen je ein Markierungs- oder Ausrichte-Fähnchen (*jalon* = Meßfahne, Absteckstange). Die hinter den äussersten Flügelrotten der Bataillonslinie - nach dem Reglement 1791/1808 auf der Linie eines 5. Gliedes hinter den Reihenschließern - stehenden Flügelmarkierer-*sergents* trugen die Ausrichteflagge an einer dünnen Stange in ihrem Gewehrlauf. Die etwa 40-50cm im Quadrat messenden *jaloneur-fanions* dienten als Ausrichte-Hilfen beim Aufmarschieren in unübersichtlichem Gelände. Ihre Träger traten dann vor die Flügel. In den Vorschriften von 1808/11 werden die Jaloneur-Flaggen nicht erwähnt, doch sind einige Stücke aus der Zeit bis 1814 erhalten oder in zeitgenössischen Bildquellen wiedergegeben. Für gewöhnlich zeigte das Tuch die Kennfarben der Grenadiere und Voltigeure - Rot, Grün und Gelb sowie Granaten- oder Horn-Embleme in weiß oder schwarz. Für 1815 ist dem Autor der Nachweis eines solchen Fähnchens nicht bekannt.

La Garde Impériale. Infanterie

Von der Infanterie der Kaiserlichen Garde hatten 1815 lediglich die 1er Grenadiers à pied sowie die 1er Chasseurs à pied Adler erhalten. Verschiedene Autoren erwähnen, dass sowohl die 3e und die 4e Grenadiers à pied, als auch die 3e und die 4e Chasseurs à pied beim Großangriff der Garde-Infanterie Adler getragen hätten. Die „alten" 3. Grenadiere waren 1811 formiert und 1813 wieder aufgelöst worden, ohne dass an sie je ein Adler ausgegeben worden wäre. Die 4. Grenadiere sowie die 3. und die 4. Jäger hatten vor 1815 nicht existiert, so dass es sich hier auch nicht um ältere, vielleicht 1814 vor der Zerstörung gerettete Feldzeichen gehandelt haben kann.

Adler der Linien-Truppen

3

L´EMPEREUR
NAPOLÉON
AU 45ME
RÉGIMENT
D´INFANTERIE
DE LIGNE

0 1m
0 3 feet

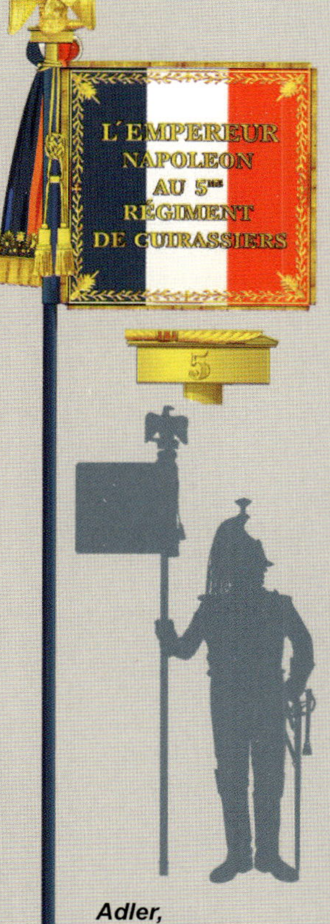

Adler, 45e Regiment infanterie de ligne
Abb.1, 5a. Abmessungen nach Charrié [Aigles et Drapeaux 1815]. Tuchgrößen erhaltener Exemplare der Muster 1815 reichen bis etwa 115x115cm inkl. Fransenbesatz (siehe die unterlegte Fahne Abb. Nr.2 und Abb.5b).

Fahnenbeschriftung
0 4 ins
0 10cm
EMPI
RÉGIN

6

5a 5b
5

Adler,
5e Regiment
de cuirassiers

Standartentuch,
5. Kürassier-Regiment

L´EMPEREUR
NAPOLEON
AU 5ME
RÉGIMENT
DE CUIRASSIERS

0 2 feet
0 60cm

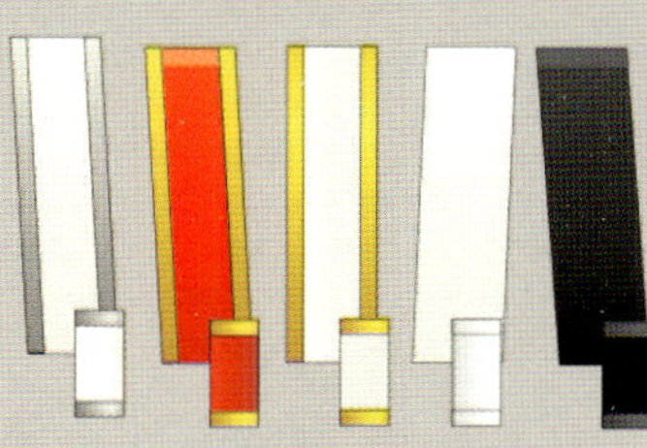

Feldmäßige Fahnenbandeliers
Schema einiger bis 1814 von Adlerträgern der Fußtruppen verwendeter Varianten. An der Rückseite des Bandeliers sollte sich eine große vergoldete oder versilberte Schnalle befinden. Bei der Kavallerie existierten keine Standarten-Bandeliers, der Adler wurde mit dem Stangenfuß in eine am Steigbügel befestigte Lederhülse gesetzt.

JENA
EYLAU
ECKMÜHL
ESSLING
WAGRAM
7

ECKMÜHL
ESSLING
WAGRAM
8

ULM
AUSTERLITZ
JENA
EYLAU
FRIEDLAND
ECKMÜHL
WAGRAM
9

Fransenbesatz
Die Fransen an den Tüchern der Fahnen (Abb.1, Abb.2) und der Standarten (6) hatten keine einheitliche Länge.

Schlachten-Auszeichnungen
Auf den Fahnentüchern des 105e (Abb.7), 56e (Abb.8) und 85e (Abb.9) Régiment d´infanterie de ligne.

Die Garde

> **„A moi braves chasseurs! Sauvons l´ aigle, ou mourons autour d´elle!"**
>
> *(Zu mir, tapfere Jäger! Laßt uns den Adler retten oder mit ihm in unserer Mitte sterben!)*
>
> General Pelet während des Rückzugs im stark dezimierten Karree der 2. Garde-Chasseurs.

1er Grenadiers à pied, Waterloo

Beide Bataillone der *1er Grenadiers à pied* waren zusammen mit dem *II. Bataillon der 1er Chasseurs à pied* bei Belle Alliance als Reserve postiert. Nach dem Scheitern des abendlichen Angriffs der Garde-Infanterie begibt sich der Kaiser in das Viereck des I. Bataillons, wo sich auch der Adler der Grenadiere befindet. Unter dem Feuer und ständigen Angriffen der Alliierten zieht sich die Truppe in Karreeformation auf die Straße nach Charleroi und unter dem Schutze der einsetzenden Dunkelheit weiter in Richtung Genappe zurück, ihren Adler mit sich nehmend.

1er und 2e Chasseurs à pied, Waterloo

Bei Waterloo wurde der Adler des 1. Regiments in dessen II. Bataillon getragen, dann im Karree des II. Bataillons der 2e Chasseurs à pied[17]. Das I. Bataillon der *1er Chasseurs à pied* war tagsüber zur Bewachung des bei Le Chatelet befindlichen Garde-Trains abgestellt. Das I. Bataillon der *2e Chasseurs* wird zusammen mit dem I/2. Grenadiere unter dem Kommando von General Pelet nach Plancenoit kommandiert, wo sich beide Truppenteile bis 21⁰⁰ auf dem Kirchhof gegen die heftigen Angriffe der Preußen verteidigen. Während ihres Rückzugs über das ca. 800m weite freie Feld in Richtung auf die Charleroi-Chaussee trifft die zu etwa 250 Mann dezimierte Schar unter General Pelet auf eine kleine Gruppe mit dem Adlerträger der 1. Gardejäger, Leutnant Martin, welche in dem Viereck Schutz sucht.

Während sich die Jäger der Angriffe durch englische und preussische Kavallerie erwehren, reissen Infanterie- und Kartätschenfeuer Lücken in die Wände des langsam weiterschreitenden Vierecks. Das als Trophäe lockende Feldzeichen droht den Angreifern in die Hände zu fallen. Als eine kleine Senke vorübergehend Schutz vor dem feindlichen Feuer bietet, hält Pelet, inzwischen nur noch vom *porte-aigle* und wenigen anderen umgeben, den Fahnenträger an und ruft den Zerstreuten zu, sich zur Rettung des Adler zu sammeln. Sogleich schließen sich *adjutant-major* Gillet, die Hauptleute Langlois, Baric, Amiot und die verbliebenen Chasseurs - jene mit gefällten Bajonetten - eng um den Träger des Adlers zusammen.[18]

Dicht um den Adler gedrängt, bewegt sich das kleine Häuflein im Schutze der hereinbrechenden Dämmerung unter weiteren Verlusten Schritt für Schritt in Richtung zur Chaussee von Genappe. Als sie schließlich auf das Karree der *1er Grenadiers à pied* treffen, bei welchem sich der Kaiser, Jerome Napoleon und General Soult befinden, übergibt Pelet den Adler an General Petit. In einiger Entfernung reiten die *Grenadiers à cheval*, die *Chevau-léger Lanciers* und die *Chasseurs à cheval* der Garde in geschlossener Ordnung nebenher, ebenfalls ihren Adler mit sich führend. Begünstigt durch die einsetzende Dunkelheit und die allgemeine Verwirrung, entkommen die Tapferen inmitten der nach Süden flutenden Truppen mitsamt ihrer geretteten Feldzeichen nach Laon.

Nach der Anfang Juli 1815 erfolgten Kapitulation von Paris und der Auflösung der Garde wurden deren Adler im Arsenal von Bourges abgeliefert. Alle Feldzeichen waren dort komplett eingegangen, bis auf eines: Am Adler der *Artillerie à cheval* fehlten Standartentuch und Cravate.

Kavallerie

Die *Grenadiers à cheval*, die *Dragons de l´Impératrice* und die *Chasseurs à cheval* hatten 1815 je einen Adler erhalten. Ebenso das Regiment *Chevau-légers*. Je ein Adler war auch an die Regimenter *Artillerie à pied* und *Artillerie à cheval* ausgegeben worden. Ein weiterer Adler war für ein 2. Regiment *Chasseurs à cheval* angefertigt worden, welches jedoch nicht mehr aufgestellt wurde. Die Mameluckenkompanie führte 1815 ein Fanion *(„eine kleine Standarte")*.[19]

Artillerie à cheval de la Garde

Nach der Schlacht bei Waterloo hatte sich die geschlagene Armee hinter die Loire zurückgezogen. Duchand, Kommandeur der reitenden Garde-Artillerie, lehnt es ab in die bourbonische Armee überzutreten. Auf eigenen Wunsch wird er entlassen. Am 30. Juli verlässt er sein Regiment, das Fahnentuch nebst der Cravate mit sich nehmend. Im September 1815 wird er in Limoges verhaftet, das Fahnentuch trägt er dabei auf der Brust verborgen. Nach seinem Tod 1850 gehen Fahnentuch und Cravate laut Testament an das Museum der Artillerie. Der Adler selbst war vom Regiment gemäß des allgemeinen Befehls am 5. September 1815 nach Bourges abgeschickt worden, wo er im Oktober eingeschmolzen wurde.[20]

Der Trauerflor der Garde-Adler

Am 21. März hatte das Elba-Bataillon in Paris Napoleon während einer militärischen Zeremonie jene alten Adler der Garde präsentiert, welche dem Schicksal der Vernichtung entgangen waren. Zu diesem Anlass hielt der Kaiser eine Rede an die Armee, in der er in Bezug auf diese geretteten Feldzeichen sagte: *„Betrug und unglückliche Umstände haben die Adler mit dem Flor der Trauer („crêpe funèbre") bedeckt, aber dank des französischen Volkes und dank Euch werden sie wieder in ihrem ganzen Ruhm erstrahlen!"*

Beim Ausmarsch aus Paris hatten die Garderegimenter ihre Adler mit schwarzem Flor umhangen. Sie hatten geschworen, dass der Adler die Trauer nicht eher wieder ablegen werde, als bis sie ihn siegreich heimgeführt.[21] Siborne schreibt, jener im Karree der sich aus Plancenoit zur Straße nach Genappe zurückziehenden Gardejäger mitgeführte Adler sei mit schwarzem Krepp bedeckt gewesen (das mögliche Aussehen zeigt Abb. Nr.2 auf nebenstehender Tafel).[22]

Die Linientruppen

1er Infanterie de ligne, Waterloo

II. Armeekorps (Reille), 6. Division (Jerome Bonaparte), 2. Brigade (Aulard). Die Division führte gegen Mittag einen Angriff auf die Südecke des Komplexes Hougoumont. Beim Angriff wurden der Adlerträger und seine beiden Begleit-Unteroffiziere niedergeschossen. Als das I. Bataillon zurückfiel, blieb der Adler unbeachtet bei den Gefallenen liegen, im Chaos des Gefechts war er auch den britischen Verteidigern bis dahin entgangen. Endlich fiel dem Regimentschef, Oberst Curbière, das Fehlen des Feldzeichens auf - er lief allein zurück, entdeckte den Adler und trug ihn zu den Seinen zurück. Die englischen Offiziere zollten dem mutigen Verhalten ihres Gegners Hochachtung, indem sie ihre Männer währenddessen das Feuer einstellen ließen.[23]

8e und 95e Infanterie de ligne, Waterloo

Beide im I. Armeekorps (d´Erlon), 4. Division (Durutte). Nach dem abgeschlagenen Angriff der Garde am Abend, zwischen 20⁰⁰ und 21⁰⁰, als die auf wenige hundert Mann zusammengeschmolzenen Angehörigen dieser Truppe durch den Angriff der

---

17) Charrié, S.180
18) Hollander S. 226-27
19) Charrie S. 183
20) Hollander S.224f
21) Förster, Befreiungskriege 3 Teil 2, S. 1003
22) Siborne S. 579
.23) Fraser S.404

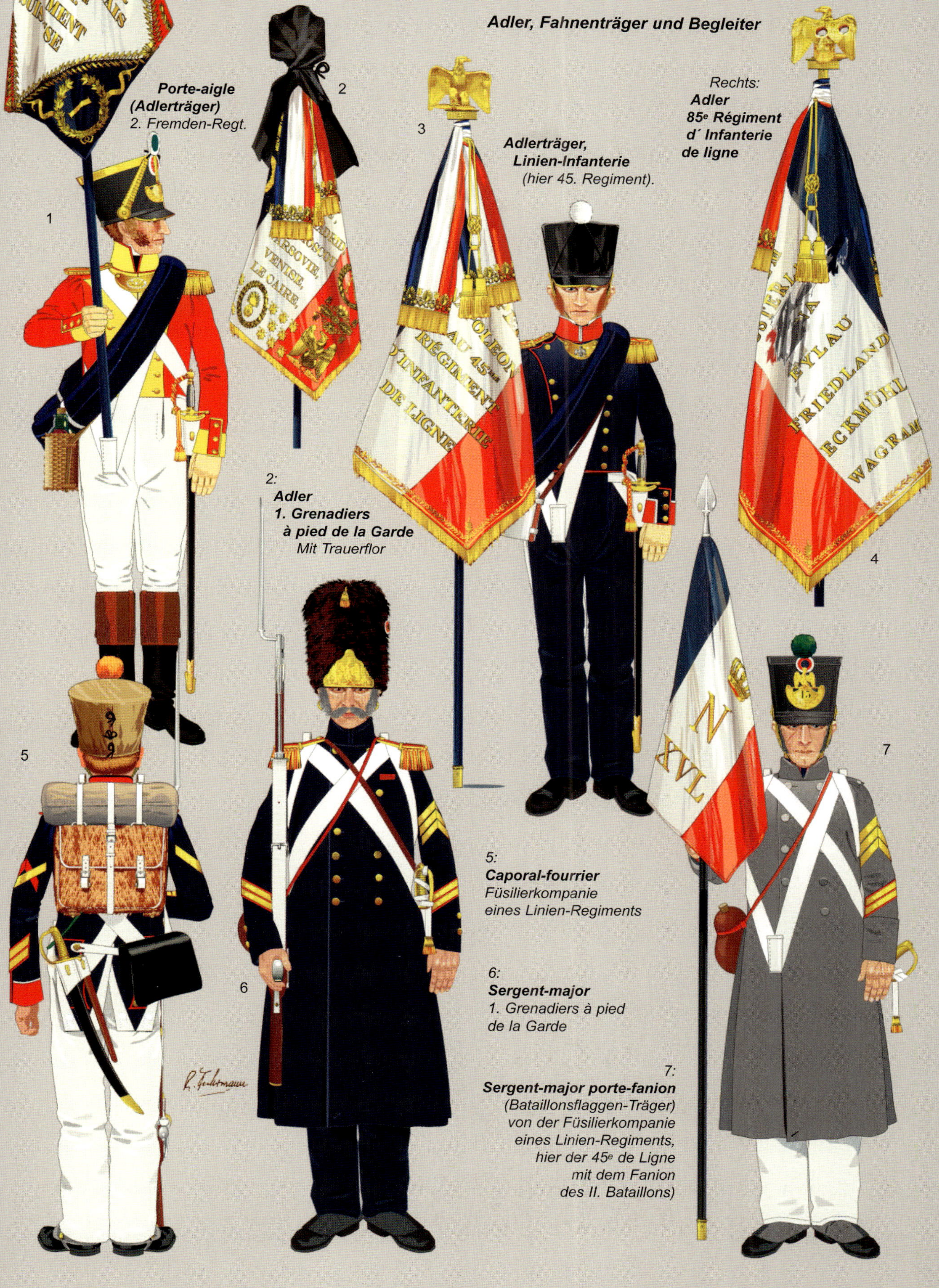

Adler, Fahnenträger und Begleiter

1 **Porte-aigle (Adlerträger)** 2. Fremden-Regt.

2 2: **Adler 1. Grenadiers à pied de la Garde** Mit Trauerflor

3 **Adlerträger, Linien-Infanterie** (hier 45. Regiment).

4 Rechts: **Adler 85e Régiment d´ Infanterie de ligne**

5 5: **Caporal-fourrier** Füsilierkompanie eines Linien-Regiments

6 6: **Sergent-major** 1. Grenadiers à pied de la Garde

7 7: **Sergent-major porte-fanion** (Bataillonsflaggen-Träger) von der Füsilierkompanie eines Linien-Regiments, hier der 45e de Ligne mit dem Fanion des II. Bataillons)

britischen Garden in völlige Unordnung gerieten, zog sich das in der Nähe befindliche 8. Regiment in geschlossener Ordnung zurück, den Adler sicher in seiner Mitte. Zusammen mit dem 8e verteidigt sich ein Bataillon der *95e Infanterie de ligne*, gleichfalls mit seinem Adler langsam retirierend. Marschall Ney, welcher mit den jetzt zerstreuten 3. Gardegrenadieren vorgegangen war, läßt beide Truppen umdrehen und Front gegen die herannahende Infanterie der Brigaden Kempt und Pack machen. Ein Angriff preußischer Husaren bewirkt die Flucht des 8. Regiments - einzig einer kleinen standhaften Gruppe um deren Fahnensektion gelingt der geordnete Rückzug.

Beim 95. Regiment ist es der Bataillonschef Rullière, welcher das Feldzeichen rettet. Kurzerhand entreisst er es dem *porte-aigle*, bricht den Adler vom Schaft und verschwindet mit dem unter seinem Rock verborgenen Heiligtum.[24]

22e und 70e Infanterie de ligne, 18. Juni, Wawre.
III. Armeekorps (Vandamme), 10. Division Habert. Während der Erstürmung der großen steinernen Dyle-Brücke „Pont du Christ", über welche an der Ostseite von Wawre eine Straße in den Ort hineinführte, befand sich das 70e de Ligne an der Spitze der französischen Regimenter. An der gegenübeliegenden Uferseite waren die Häuser mit Schießscharten versehen und mit Füsilieren des 30. Infanterie-Regiments vom preußischen III. Korps (Thielmann) besetzt. Die Brücke hatte man zum Ortseingang hin verbarrikadiert.

Im heftigen preußischen Feuer macht das zusammengeschossene 70. Regiment während eines zweiten Anlaufes mitten auf der Brücke kehrt. Oberst Maury entreisst dem mit seinen Kameraden zurückhastenden Adlerträger das Feldzeichen. Voller Zorn fordert er die Truppe auf, ihm zu folgen, sein Pferd zum erneuten Angriff wendend. Während die Reste des Regiments wieder mit vorgehen, stürzt Maury von einer Kugel getroffen, der Adler bleibt mitten auf der Brücke liegen. Durch den Anblick ihres gefallenen Obersten von Panik ergriffen, stürzen die 70er ohne ihre Fahne endgültig davon.

Während einige Preußen sogleich versuchen, des liegengebliebenen Adlers habhaft zu werden, stürmt die erste Kompanie der 22e Infanterie de Ligne, welche hinter der 70e postiert ist, auf die Brücke, schlägt die Preußen zurück und bringt das Feldzeichen in Sicherheit.[25]

2e Regiment étranger (Bataillon suisse), 18. Juni, Wawre.
Zusammen mit dem 22e und 70e in der Brigade Dupeyroux. Das 2. Fremdenregiment war im Mai 1815 unter dem Befehl des Oberst Stoffel in der Stärke von 307 Mann aus schweizer Söldnern errichtet worden, welche aus spanischen Depots zurückgekehrt waren. Der Truppenteil hatte keine Delegation zum abholen eines Adlers zum Champ de Mai geschickt und ganz offensichtlich auch keinen erhalten - vielleicht wegen der geringen Stärke. Stoffel erhielt auf seine diesbezügliche Anfrage hin die Erlaubnis, das Feldzeichen des ehemaligen 1. Schweizer Regiments *(1er Suisse)* führen zu dürfen, welches aus dem Jahr 1805 stammte und durch den Russlandfeldzug und die Restaurationszeit gerettet worden war. Ein Flügel des Adlers war gebrochen und das Tuch vermutlich bereits in einem ausgesprochen miserablen Zustand. 1813 hatten die Schweizer keine neue Fahne erhalten. Die Truppe stürmte die Dyle-Brücke zweimal und wurde dabei stark dezimiert. Während des letzten Angriffs stürzte der Adlerträger tödlich getroffen zu Boden, doch konnte das Feldzeichen sofort wieder hochgenommen und gerettet werden. Im Oktober 1815, nach der Entlassung der Reste des Bataillons, verteilte Stoffel Teile des Fahnentuches an mehrere der Offiziere. Die Stange mit dem Adler soll in der Garonne versenkt worden sein. Das von Stoffel selbst behaltene Tuchfragment gab dieser später an seinen Sohn weiter. Zwei Stücke des Fahnentuch befinden sich im Musée de l´Armee.[26,27]

25e Infanterie de ligne, Waterloo
I. Armeekorps (d´Erlon), 3. Division (Marcognet), Brigade Grenier. Nachdem das 45. Regiment von den schottischen Dragonern aufgerieben worden war, stießen diese auf die 25e Infanterie de ligne, welche sich gerade zum Karree formierten. Auch dieses Regiment wurde von den Reitern überrumpelt und von mehreren Seiten her aufgerollt, dabei ging der Adler verloren. Die Infanteristen warfen ihre Musketen von sich und ergaben sich in ganzen Haufen. Maréchal-des-logis Urban von den *4e Chevau-léger lanciers* gelang es, den verlorenen Adler der 25e an sich zu nehmen, er übergab ihn seinem Oberst.[28]

28e Infanterie de ligne, Waterloo
Mit dem Korps d´Érlon geht das Regiment gegen die englische Linie vor, deren Artillerie Kartätschen in die mit geschultertem Gewehr vormarschierenden Kolonnen feuert. Das 28e hat kaum 100m zurückgelegt, als der Adlerträger fällt.[29]

45e Infantérie de ligne, Waterloo
Mit dem 25. Regiment in einer Brigade. Beim Angriff von d´Erlons Korps am späten Nachmittag befand sich das 45e an der Spitze der Division und bewegte sich den leichten Hang hinauf genau auf die 92. Hochländer zu.

Die Bataillone der Divisionskolonne sind in 15 Mann breiter Front dicht hintereinander gestaffelt und halten einen Abstand von nur wenigen Schritten untereinander ein. Als die Entfernung zu den Schotten gerade noch etwa 30 Meter beträgt, geben diese eine verheerende Salve ab. Die 45er, im Begriff sich zur Linie auseinanderzuziehen, geraten in völlige Unordnung. Für sie bisher nicht wahrnehmbar, taucht auf einmal zwischen den schottischen Infanteristen feindliche Reiterei auf. Die Dragoner auf ihren schweren grauen Pferden drängen sich im Schritt zwischen die Lücken der völlig überrumpelten Franzosen und hauen auf sie ein. Innerhalb weniger Augenblicke geht der Adler verloren, die Division Marcognet wird aufgerieben. Der Fanion des II. Bataillons fällt in die Hände des 28. Regiments of Foot (siehe S. 30). Entgegen der Angabe des Erobereres der Fahne, Sergeant Ewart, er habe dem Adlerträger Pierre Guillot den Schädel gespalten, ging dieser erstaunlicherweise ohne Schaden aus dem dramatischen Handgemenge um das Feldzeichen seines Regiments hervor.[29] Siehe S. 26-28.

85e Infanterie de ligne, Waterloo
I. Armeekorps (d´Erlon), 4. Infanterie-Division (Durutte), 2. Brigade (Brue). Aus den Erinnerungen des *sous-lieutenant* Jacqmain. Das Regiment war mit zwei Bataillonen bei Waterloo. Gegen 18⁰⁰, als Teile der Armee bereits auf dem Rückzug sind, sammelt Jacmain etwa 150 Mann seines Bataillons, um sie als Schützenschwarm gegen ein aus der Nähe feuerndes schottisches Regiment vorzuführen. Er übergibt die Fahne seinem Regimentschef Masson, damit er sie in Sicherheit bringe und hilft ihm, den Adler von der Stange abzubrechen. Das Feldzeichen ist erhalten geblieben es zeigt zwei Schußlöcher im Adler und einen kleinen Einriss auf einer Seite des Fahnentuchs.[30]

93e Infanterie de ligne, Waterloo
II. Armeekorps (Reille), 9. Infanterie-Division (Foy), 1. Brigade (Gauthier). Sergent-Major Larréguy, welcher zur Fahnenbedeckung des Regimentsadlers gehörte, schreibt in seinen Erinnerungen: Die Division Foy wurde zum Angriff auf Hougoumont befohlen, nachdem der um 12^{30} vorgeführte Angriff der Division Jérôme gescheitert war. Die Fahnen der Regimenter wurden angesichts der zu erwartenden schweren

24) Fraser S.407
25) ebenda, S.423
26) Hollander, S.212f
27) Charrié S.168f
28) Carnets de la Campagne Nr.3, S. 80
29) Charrié, Aigles et Drapeaux en 1815
30) Carnets de la Campagne Nr. 4, S. 49

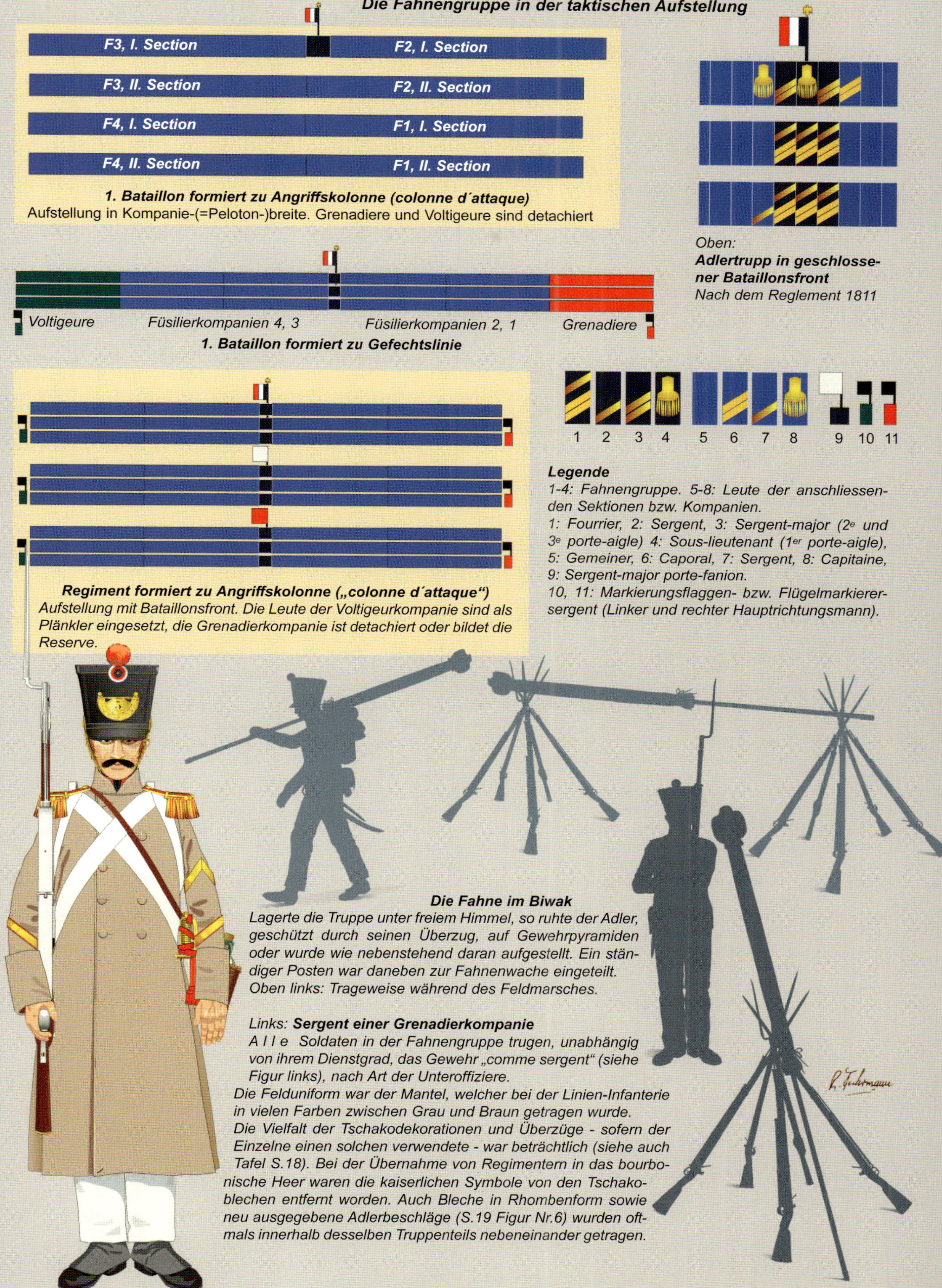

1. Bataillon formiert zu Angriffskolonne (colonne d´attaque)
Aufstellung in Kompanie-(=Peloton-)breite. Grenadiere und Voltigeure sind detachiert

1. Bataillon formiert zu Gefechtslinie

Oben:
Adlertrupp in geschlossener Bataillonsfront
Nach dem Reglement 1811

Legende
1-4: Fahnengruppe. 5-8: Leute der anschliessenden Sektionen bzw. Kompanien.
1: Fourrier, 2: Sergent, 3: Sergent-major (2e und 3e porte-aigle) 4: Sous-lieutenant (1er porte-aigle), 5: Gemeiner, 6: Caporal, 7: Sergent, 8: Capitaine, 9: Sergent-major porte-fanion.
10, 11: Markierungsflaggen- bzw. Flügelmarkierersergent (Linker und rechter Hauptrichtungsmann).

Regiment formiert zu Angriffskolonne („colonne d´attaque")
Aufstellung mit Bataillonsfront. Die Leute der Voltigeurkompanie sind als Plänkler eingesetzt, die Grenadierkompanie ist detachiert oder bildet die Reserve.

Die Fahne im Biwak
Lagerte die Truppe unter freiem Himmel, so ruhte der Adler, geschützt durch seinen Überzug, auf Gewehrpyramiden oder wurde wie nebenstehend daran aufgestellt. Ein ständiger Posten war daneben zur Fahnenwache eingeteilt.
Oben links: Trageweise während des Feldmarsches.

Links: **Sergent einer Grenadierkompanie**
Alle Soldaten in der Fahnengruppe trugen, unabhängig von ihrem Dienstgrad, das Gewehr „comme sergent" (siehe Figur links), nach Art der Unteroffiziere.
Die Felduniform war der Mantel, welcher bei der Linien-Infanterie in vielen Farben zwischen Grau und Braun getragen wurde.
Die Vielfalt der Tschakodekorationen und Überzüge - sofern der Einzelne einen solchen verwendete - war beträchtlich (siehe auch Tafel S.18). Bei der Übernahme von Regimentern in das bourbonische Heer waren die kaiserlichen Symbole von den Tschakoblechen entfernt worden. Auch Bleche in Rhombenform sowie neu ausgegebene Adlerbeschläge (S.19 Figur Nr.6) wurden oftmals innerhalb desselben Truppenteils nebeneinander getragen.

Verluste mit ihren *sergent-majors* als Bewachung, nach hinten befohlen. Larréguy und seine Kameraden weigern sich indes, unter dem Beifall der Soldaten, diesem Befehl Folge zu leisten. Die Adler werden während des Angriffs mitgeführt.[31]

95e Infanterie de ligne, Waterloo

Mit dem 85. Regiment in einer Brigade. Während des Handgemenges mit einer „englischen Kolonne" wird der Adlerträger Puthod durch einen feindlichen Dragoner und einen Offizier an Kopf und Arm schwer verletzt und ihm das Feldzeichen entwunden. Kommandant Rullière springt sogleich herzu, entreisst den Feinden den Adler und bringt sich damit in einem nahebei befindlichen Karree der Alten Garde in Sicherheit, wo man ihm zunächst den Einlass verweigert. Sein Regiment glaubt den Adler verloren, erst in Laon trifft Rullière mit der geretteten Fahne wieder auf die Seinen.[32]

Waterloo: "Sauve qui peut!"- Vive l´Empéreur!

Victor Dupuy, Eskadronschef der 7. Husaren, ist mit drei Eskadronen seines Regiments am äußeren Ende der französischen rechten Flanke postiert. Nach am Mittag abgeschlagenen Angriff des Korps d´Erlon werden panische *"rette-sich-wer-kann!"*-Rufe laut und ein Teil der Regimenter des I. Armeekorps flüchtet in völliger Unordnung. Dupuy versucht mit einer kleinen Abteilung seiner Leute, die Fliehenden aufzuhalten, als er in der Menge einen Adlerträger bemerkt. Er fordert ihn auf, ihm das Feldzeichen zu übergeben, was jener bereitwillig tut. Dupuy besinnt sich: *"Mein Herr, ich möchte Sie nicht entehren, entfalten Sie Ihre Fahne und tragen Sie sie dem Feind entgegen, indem Sie mit mir zusammen `Vive l´Empéreur!´ rufen."* Der Adlerträger folgt Dupuy´s Aufforderung, nach kurzer Zeit sammeln sich 3.000 Mann, und machen Front zum Gegner.[33]

105e Infanterie de ligne, Waterloo

Mit dem 28. Regiment in einer Brigade. Ein ähnliches Schicksal wie dem Adler des 45e war auch dem Feldzeichen der 105e de ligne beschieden. Das Angriffsziel dieses Regiments war die Brigade Kempt. Durch die Linie des 28th Foot hindurch fielen die Royal Dragoons über das 105e her und eroberten deren Adler sowie den Fanion des II. Bataillons (siehe S. 30). Der Adler befindet sich heute im National Army Museum London.[34]

Chasseurs à cheval de la Garde, Waterloo

Das Regiment soll Napoleon bei Waterloo drei Fahnen präsentiert haben.[35] Rittmeister Klein von Kleinenburg fällt bei dem Versuch, die Königsfahne des VIII. Linien-Bataillons der Englisch-Deutschen Legion zu erobern. Siehe S. 38.

8e Cuirassiers, Quatre Bras

III. Kavalleriekorps (Kellermann), 11. Division (L´Heritier). Bei Quatre Bras wurde die Königsfahne der 69th Foot erobert (siehe Schilderung S. 32). Wer aus dem Regiment die Trophäe tatsächlich erobert hatte, bleibt unklar. Im Rapport des Kommandeurs vom III. Kavallerie-Korps, Marquis de Valmy, werden die Kürassiere Volgny und Hourise, im Rapport Kellermanns die Kürassiere Valgayer und Nourain genannt. Thiers, Histoire du Consulat et de l´Empire, 1862, gibt als Eroberer den Kürassier Lami an, er soll Ney die Fahne persönlich überbracht haben.[36]

31) *Carnets de la Campagne Nr.1, S.56,57*
32) *Hollander S.212*
33) *Carnets de la Campagne Nr. 4, S.41*
34) *Fraser S.403*
35) *Detlef Wenzlik: Waterloo. Der Feldzug von 1815, S.211*
36) *Arco S.76f*
37) *Lachouque: Waterloo. Fakenham 1978, S.176*
38) *Wenzlik S. 209*
39) *Hollander S.212*
40) *Charrié S. 224*
41) *Hollander S.39*

9e und 10e Cuirassiers, Waterloo

IV. Kavalleriekorps (Milhaud), 14. Kavalleriedivision (Delort). Die 9. und 10. Kürassiere sollen Napoleon drei Feldzeichen präsentiert haben, darunter eine englische Fahne, erobert durch einen *marechal-des-logis* der 9e Kürassiere. Die Regimentschronik der *10e Cuirassiers* erwähnt eine „englische Fahne", erobert von Sergeant Gautier.[37]

Im Laufe der ab 17⁰⁰ gegen das alliierte Zentrum geführten Kavallerie-Attacken sollen zwei nassauische Fahnen von Angehörigen der *6e* und *9e cuirassiers* erobert worden sein. Nach Wenzlik S. 209 ist die Eroberung einer Fahne durch das *9e* am 26. Juli durch den Adjutanten Grouchys bestätigt worden, die Fahnen seien später jedoch wieder verlorengegangen.[38]

2e Dragons, Waterloo

Mit den 8. Kürassieren in einer Division, 1. Brigade (Picquet). In seinem Rapport schreibt General L´Heritier, die 2. Dragoner hätten am 18. Juni immense Verluste erlitten, sich aber dennoch mit ihrem Adler in fester Ordnung zurückgezogen.[39]

7e Hussards, Fleurus und Waterloo

Die 7. Husaren hatten ein Feldzeichen des Musters 1815 erhalten. Kommandeur war Oberst Marbot, welcher die ehemaligen 23. Jäger zu Pferd befehligt hatte. Der Adler des den *23e chasseurs à cheval* 1812 verliehenen Feldzeichens war gerettet und von Marbot aufbewahrt, das Standartentuch allerdings 1814 abgeliefert worden. Marbot befestigte den alten Adler auf dem 1815 erhaltenen Feldzeichen, die auf dem Kasten befindliche „23" wurde durch eine „7" ersetzt. Das neue Fahnentuch trug auf seiner Rückseite die Namen IENA, EYLAU, FRIEDLAND, WAGRAM, LA MOSCOWA. Der während der 100 Tage geführte Adler wurde sodann in der Familie Boislecomte aufbewahrt, das Standartentuch gelangte in die Sammlung des Prinzen Napoléon.[40]

Die heute erhaltenen Feldzeichen

Im September und Oktober 1815 erfolgte auf Befehl des königlichen Kriegsministeriums die Zerstörung des überwiegenden Teils der erst im Mai des Jahres angefertigten Feldzeichen im Arsenal von Bourges. Was sich an wiederverwendbarem Beiwerk für die bevorstehende Anfertigung neuer bourbonischer Fahnen verwenden ließ, wurde vor der Verbrennung der dreifarbigen Tücher und Cravaten sorgsam abgetrennt.[41] Als komplett erhaltene Feldzeichen oder Fahnentücher des Musters 1815 sind heute bekannt (nach Markus Gärtner, mit den Orten ihres Verbleibs):

Artillerie à Cheval de la Garde: Musée de l´Armée Paris.
Von 132 an die Linien-Infanterie verliehenen Fahnen:
45e Regt.: Edinburgh Scottish United Services Museum.
51e Regt.: Collecion Bullock, USA.
56e Regt.: Collection Brunon, Frankreich.
85e Regt.: Musée de l´Armée Paris.
86e Regt.: Musée de Géneve, Genf.
105e Regt.: London National Army Museum.
3e Regt. d´étranger: Das Regiment wurde nicht mehr aufgestellt. Armeemuseum Warschau.
Von 66 an die Linien-Kavallerie verliehenen Fahnen:
5e Dragons: Collection Brunon, Frankreich.
10e Cuirassiers: Collection Prinz Albert, Monaco.
6e Chasseurs: Collection Colonel de Faudoes, privat.
2e Hussards: Collection Prinz Albert, Monaco.
7e Hussards: Musée de l´Armée Paris.
Von 88 für die Nationalgarde angefertigten Fahnen:
67 Adler und 68 Fahnentücher als Geschenk Ludwigs XVIII. an den siegreichen englischen General: Wellington Museum in Aspley House.

Chevau-léger lanciers. Lanzenwimpel

1: Lanze, Ansicht der dem Reiter abgewandten Seite. 2: Die dem Reiter zugewandte Seite. 3, 4: Detail-Ansichten. 5-7: Mögliche feldmäßige Trageweisen des Wimpels. Der Bezug aus schwarzem Wachstuch war feldmarschmäßig. 8: Steigbügel der Lanciers (identisch mit dem rechten Steigbügel der Adlerträger). 9, 10: Régiment des Chevau-légers lanciers de la Garde Imperiale. 9: 1. Eskadron. 10: 2. bis 5. Eskadron. 11: Chevau-légers lanciers de Ligne, Regimenter Nr. 1 bis 6.

Nur das erste Glied war mit Lanzen bewaffnet, einschließlich der *brigadiers*.
Der Lanzenschaft aus Eiche sollte geschwärzt sein.
Beim Feuergefecht oder während des Marsches steckte die Lanze mit ihrem Fuß in einem der an beiden Steigbügeln befestigten Lederschuhe.

Die am Lanzenschaft befindliche Lederschlinge wurde am Oberarm eingehängt. Während des Feldmarsches war der Wimpel um die Stange zusammengewickelt und gegebenenfalls eine Wachstuchhülle darübergezogen, sofern er nicht ganz abgenommen wurde.

Rechts: Position der Standarte im 1. Glied der 1. Eskadron.
Eine Adlerbedeckungsgruppe wie bei der Infanterie existierte bei der Kavallerie im Feld nicht. Bei der leichten Reiterei, zu der auch die *chevau-léger lanciers* gehörten, befand an der linken Seite des *porte-aigle* ein *brigadier*, hinter diesem im 2. Glied ein weiterer *brigadier*.

DIE KÖNIGLICH BRITISCHE ARMEE

Bei Waterloo erbeuteten Kavalleristen der Unions-Brigade zwei Adler der französischen Infanterie. Die Trophäen wurden einem Mitglied von Wellingtons Stab anvertraut, der sie, zusammen mit den Berichten von der Schlacht, nach London bringen sollte. Nachdem dieser von Amsterdam aus mit dem Schiff in Dover eingetroffen war, nahm er eine Eilkutsche, welche ihn im Galopp in die Hauptstadt brachte, wo sie am 21. Juni spätabends eintraf. Die Feldzeichen wurden aufgrund ihrer Länge querliegend transportiert, so dass sie mit den oberen und unteren Enden an beiden Seiten aus den Fenstern des Gefährts sahen und in den Straßen für einiges Aufsehen sorgten.[1]

"Ich sende, mit dieser Depesche, zwei Adler, welche von den Truppen erobert wurden; Major Percy wird die Ehre haben, sie Seiner königlichen Hoheit zu Füßen zu legen."

Schlußsatz der Depesche des Duke of Wellington an Graf Bathurst, Waterloo 19. Juni 1815

Bei der Linien-Infanterie waren die Regimenter im Feldzug 1815 mit nur je einem Bataillon präsent. Die Regimenter der Fuß-Garden verfügten über jeweils drei Bataillone, auch hier waren lediglich die Coldstream-Guards mit zwei Bataillonen anwesend. Ein Bataillon hatte 10 Kompanien: Acht *Zentrumskompanien* und zwei *Flankenkompanien* - von letzteren eine aus Grenadieren, die andere aus leichter Infanterie bestehend. Die Kompanie-Sollstärke lag bei 100 Mann, wobei im Feldeinsatz, abgesehen von den Garden und den Hochländer-Regimentern, meist gerade die Hälfte dieser Zahl an Männern zusammenkamen. So umfasste ein durchschnittliches Bataillon im Feldzug 1815 etwa 600 Mann.

Die Angehörigen der britischen Armee waren Berufssoldaten. Ein Teil der Leute verpflichtete sich für einen Zeitraum von sieben Jahren und verlängerte die Dienstzeit gegebenenfalls um eine weitere siebenjährige Periode. Der überwiegende Teil diente auf Lebenszeit, so gab es eine hohe Anzahl an älteren Soldaten im Heer. Etliche Männer verstarben während des aktiven Dienstes in einem Alter von über 60, 70 oder 80 Jahren![2]

Die Fahnen

Als Standardwerk hinsichtlich der 1815 im Einsatz geführten Feldzeichen darf nach wie die Bearbeitung gelten, welche 1893 von *Samuel M. Milne* unter dem Titel *„The Standards and Colours of the Army. From the Restauration to the Introduction of the territorial System 1881“* veröffentlicht wurde.

Die britischen Infanterie-Bataillone führten bei Waterloo insgesamt etwa 50 Fahnen auf dem Gefechtsfeld. Die bei Quatre Bras und Waterloo eingesetzten Regimenter, welche Feldzeichen besaßen, hatten, abgesehen von der 71st Light Infantry, durchweg ihre Fahnenpaare bei sich.[3] Tatsächlich war schon bei Erscheinen von Milnes Werk noch für kaum eines dieser Feldzeichen das tatsächliche Aussehen direkt vor oder zum Zeitpunkt des Feldzuges 1815 sicher festzustellen. Der überwiegende Teil der britischen Fahnen war nach der Schlacht so zerschossen, dass sie bestenfalls noch aus einigen wenigen an ihren Stangen hängenden Fetzen bestanden!

Die regulären Regimenter der britischen Infanterie erhielten ihre Fahnen bei der Errichtung. Für die Beschaffung und die Finanzierung war deren Chef zuständig. Dies betraf auch eine früher oder später notwendig werdende Erneuerung von Feldzeichen. Hinsichtlich der Maße und der auf den Tüchern befindlichen Embleme waren mehr oder weniger detaillierte Vorschriften des Kriegsministeriums zu beachten. Wurden vorhandene Fahnen durch neue ersetzt oder eine Truppe aufgelöst, erhielt für gewöhnlich der Regimentschef die somit nicht mehr benötigten Feldzeichen ausgehändigt. So überdauerten zahlreiche Exemplare, wenn sie nicht im Londoner Tower deponiert wurden, mehr oder weniger gut erhalten in den Anwesen des britischen Adels, in Garnisonen oder regionalen Kirchen.

Jedes Bataillon eines Regiments besaß ein Fahnenpaar, welches als *„stand of colours“* bezeichnet wurde: Die *erste* oder *„King´s Colour“* (Königsfahne) mit dem britischen Union Jack (*„Great Union“*), und die *zweite* oder *„Regimental Colour“* (Regimentsfahne), deren Tuch in der Regel die Regimentskennfarbe zeigte. Britische Regimentsfahnen waren aufgrund ihrer besonderen Größe für die französische Artillerie selbst inmitten dichten Pulverqualms noch hervorragende Zielmarken. Den Batterieführern wurden zur Orientierung beim Feuern jeweils bestimmte Fahnenfarben angegeben. So sollte ein Offizier seine Geschütze auf drei britische Karrees einrichten, deren Regimentsfahnen *„blau, lederfarben und grün“* waren.[5]

Der Union-Jack war aus einzelnen blauen, weißen und roten Seidenstücken zusammengenäht. Inwieweit die auf den Tüchern befindliche Emblematik aufgemalt oder als Stickerei ausgeführt wurde, blieb der Entscheidung des jeweiligen Regiments-Obersten anheimgestellt. Auf den Feldzeichenpaaren der einzelnen Bataillone waren die Embleme auf der Königs- und Regimentsfahne die gleichen, sofern beide Tücher zusammen angefertigt worden waren.

Einige Regimenter, wie das *4th King´s Royal Regiment*, führten im Zentrum ihrer Fahnen ein besonderes königliches oder regimentseigenes Emblem. Bei diesen Fahnen sollte die Regimentsnummer in der oberen Stangenecke angebracht sein, vom Anbringen einer Umkränzung wurde dann meist abgesehen. Besonderen Wert auf eine möglichst schöne und reichhaltige Ausführung der Fahnengestaltung legten die Chefs der Hochland-Regimenter.

Die Herstellung eines Fahnenpaares mit gemalten Emblemen kostete um 1804 etwas mehr als 26 Pfund. Dieser Betrag entsprach der Pension, welche die Witwe eines im Dienst gefallenen Fähnrichs bzw. Second-Lieutenants jährlich ausgezahlt bekam. Für ein Pfund konnte man sich etwa einen Monat lang ausreichend verpflegen, mit täglichem Frühstück, einer warmen Hauptmahlzeit und einem Abendessen. Wurden die Fahnen dagegen bestickt, verdoppelte sich dadurch der obengenannte Herstellungspreis nahezu.[4]

Mit der Handhabung der ausladenden Feldzeichen waren die zwischen 14 und 17 Jahre alten Fähnriche kräftemäßig nicht selten überfordert. Schon ein kleiner Windstoß konnte genügen, um bei entfaltetem Tuch einen solchen Jungen mitsamt seiner Fahne einfach umzuwehen. Hauptmann Cook von der 43. Leichten Infanterie erwähnt in seinen Memoiren, dass er 1805 als gerade 14-jähriger Fähnrich während einer Feldübung auf diese unrühmliche Weise zu Boden gegangen war, *„mitsamt der Fahne und allem“*.[5]

1803 äußerte Generalmajor Sir John Moore sein Unverständnis betreffs der Bestimmungen zur Ausrichtung eines in Linie gegen den Feind vorgehenden Bataillons. Die Exerziervorschrift (*„Rules and Regulations“*) besagte, dass die beiden Fahnenträger als Richtungsanzeiger die Bataillonslinie führen sollten. Moore bezweifelte, dass es richtig sei, ausgerechnet den Fähnrichen diese anspruchsvolle Aufgabe zu übertragen. Gerade sie seien doch *„in unserer Truppe die jüngsten, unerfahrensten und unbesonnensten der Offiziere eines Regiments; und unsere Fahnen sind so groß und unhandlich dass es nahezu unmöglich ist, sie aufrecht und fest zu tragen.“* [5]

---

1) Fraser, S. 424f
2) Haythornthwaite, Philip J. : The Armies of Wellington, London 1994
3) Milne, S.M.: S. 181
4) Sumner, I./Hook, R.: British Colours & Standards 1747-1881 (2), Oxford 2001
5) Edwards, Major T.J.: Standards, Guidons and Colours of the Commonwealth Forces, Aldershot 1953

Infanterie-Fahnen. Grundmuster

Königsfahne, Fußgarden, Variante I

Königsfahne, Fußgarden Variante II

Regimentsfahne, Fußgarden

Königsfahne, Linien-Infanterie

Regimentsfahnen, Linien-Infanterie

XIV REG.T

Unionskranz mit Herzschild
14th Regiment of Foot.

100cm

0

3 feet

0

Im Zentrum jeder Fahne der gewöhnlichen Infanterie-Regimenter sollte auf einem Schildchen in goldenen römischen Ziffern die Regimentsnummer auf einem roten Schildchen stehen, das Ganze umgeben von einem Kranz. Als vorschriftsmäßige Bestandteile zu der als „union wreath" bezeichneten Bekränzung gehörten die schottische Distel, das irische Kleeblatt und die englische „Tudor-Rose".

Auf den ab etwa 1805 neu angefertigten Fahnen erschien eine schlichtere Form des Unions-Kranzes (siehe Abb. links). Regimentsweise konnten die Anordnung oder die Form von Blättern und Blüten etwas variieren, ebenso die Größe des Kranzes.

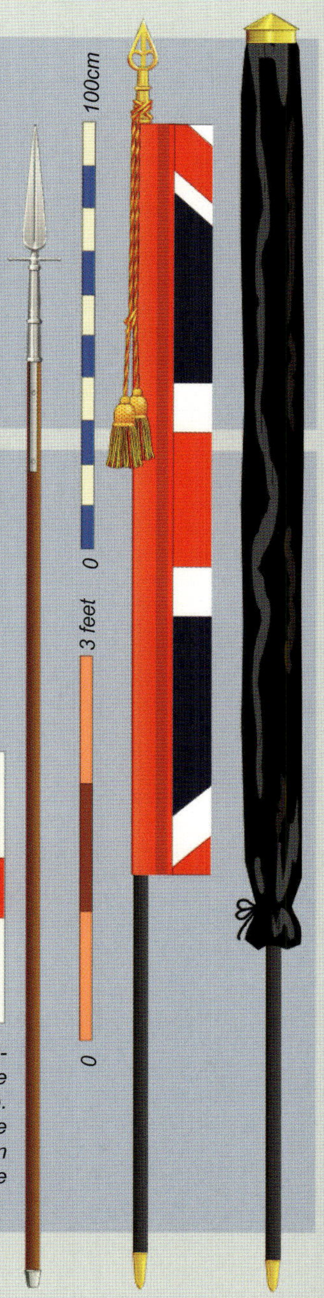

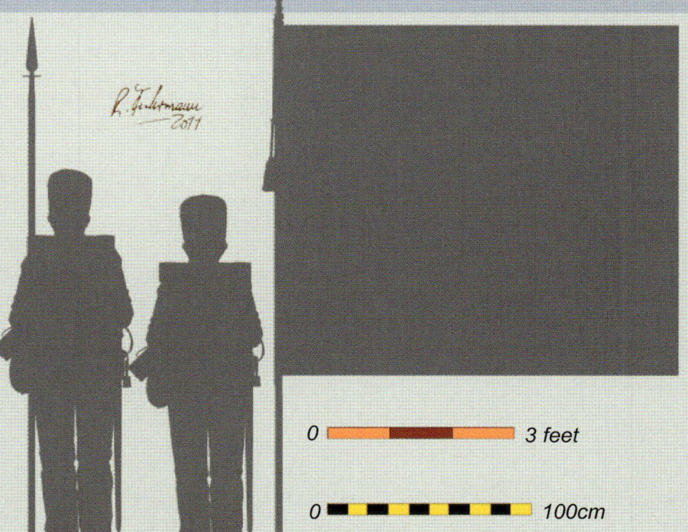

Regimentsfahnen, Linien-Infanterie,

Bei den Regimentsfahnen der Linien-Infanterie richteten sich die die Grundfarben der Tücher nach der Abzeichenfarbe des betreffenden Regiments. Ausnahme: Bei Regimentern mit weißen oder roten Abzeichen führten die Bataillone als Grundmodell auf weißem Tuch ein rotes Georgskreuz. Diesen Typ führten das 32nd und das 33rd. Regiment of Foot.

Die Maße des Tuches betrugen seit 1768 in der Breite 198cm (6 Fuß 6 Inches) und in der Höhe, entlang der Stange, 183cm (6 Fuß). Die Stange hatte inklusive der Messingspitze und dem Fuß eine Länge von 300cm (9 Fuß 10 Inches).

Abbildung rechts oben:
Sergeantenpike, Fahne, Fahne in Wachstuchhülle.

Die Fahnen der Fußgarden

Die Ausstattung der Fußgarden mit Fahnen folgte im Gegensatz zur Linien-Infanterie eigenen traditionellen Gebräuchen. Die Tücher der *Königsfahnen* waren durchgehend aus dunkel-karmesinroter Seide und trugen individuelle Abzeichen. Ihrer Herkunft im 17. Jh. nach hatten sie die Bezeichnungen *Colonel´s Colour* (Fahne des Obristen), *Lieutenant-Colonel´s Colour* (Fahne des Obristen-Stellvertreters) und *Major´s Colour.* In jedem Regiment diente die Obristenfahne als Königsfahne des I. Bataillons, die des Obristen-Stellvertreters als die Königsfahne des II., und die Fahne des Majors als die Königsfahne des III. Bataillons *(siehe Tafeln S. 23).*

Als *Regimentsfahnen* wurden die aus einem Union-Jack bestehenden ehemaligen Fahnen der Kompanieführer *(Captain´s Colour)* verwendet. Jede der seit dem 17. Jh. bestehenden 24 Kompanien eines Fuß-Garde-Regiments besaß eine solche Fahne mit einem traditionellen, individuellen Emblem (S. 25). Entsprechend dem Exerzier-Reglement der Armee war für ein Bataillon jedoch nur eine einzige Regimentsfahne vorgesehen.

Aus diesem Grund wurde von der Gesamtzahl aller 24 in jedem Regiment vorhandenen Kompaniefahnen, nach einem althergebrachten Turnus wechselnd, je eine davon den einzelnen der drei Bataillone für einen gewissen Zeitraum als Regimentsfahne zugeteilt. Welche der Kompaniefahnen gerade bei Waterloo im Einsatz waren, ist wegen fehlender schriftlicher Aufzeichnungen darüber nicht für alle Gardebataillone bekannt.

Kavallerie-Standarten

Bei Waterloo führte die britische Kavallerie, anders als in zahlreichen eindrucksvollen Schlachtengemälden gezeigt, keinerlei Standarten oder Wimpel *(Guidons)*. Schon 1812 waren sie beim Einsatz auf den europäischen Kriegsschauplätzen in der Heimat zurückgeblieben.

Vor dem Ausmarsch zum Feldzug 1815 hatten die Kavallerie-Regimenter ihre Standarten in die Depots überstellt. Colonel Clark Kennedy von den 1st Royal Dragoons schreibt 1839, dass *„kein Regiment aus der Brigade seine Standarten mit ins Feld nahm; sie wurden auf Befehl zuhause zurückgelassen."* [6]

Battle-Honours

Die Fahnen einiger Regimenter trugen Auszeichnungen für die Teilnahme an Schlachten des Halbinselfeldzuges. Eine Norm für das Aussehen dieser Mottos existierte nicht. 1814 wurden LINCELLES, TALAVERA und BARROSA genehmigt. Das Motto PENINSULA war erst im April 1815 verliehen worden und bei Waterloo auf Fahnen noch nicht präsent.

Für die Teilnahme am Ägyptenfeldzug hatten die betreffenden Regimenter eine *„Sphinx inmitten eines Kranzes aus Lorbeer, mit dem Wort EGYPT darüber"* erhalten. Die nahezu runden Embleme wurden komplett mit ihrem roten Seidenfeld in schwerer, erhabener Stickerei angefertigt und meist unter dem Zentrumsmotiv auf das Fahnentuch genäht (Fahne des 28th Regiment of Foot).

Auf den Fahnen der Cameron Highlanders (79th Regiment of Foot) und des II. Bataillons Gordon Highlanders (92nd Regiment of Foot). hingegen erschien die Sphinx jeweils in allen vier Ecken auf beiden Seiten des Fahnenblattes. Dadurch wurde das Gewicht des Tuchs merklich erhöht. Die vorschriftsmäßige Blickrichtung der Sphinx ist stets *zur Fahnenstange hin*, auf den Tüchern der Fahnen des 44. Regiments jedoch sieht sie genau in die entgegengesetzte Richtung.[7]

Zur Markierung von Zeltgassen und Antreteplätzen im Feldlager sahen die Bestimmungen Feldflaggen vor. Die Flaggen, von denen jede Kompanie eine besaß, dienten auch zum Ausrichten auf dem Gefechtsfeld.

Die Größe des Tuchs in der Abzeichenfarbe des Regiments sollte 18 Inches (46cm) im Quadrat sein und dessen Nummer tragen. Eine Farbe für die Ziffern war nicht vorgeschrieben.

Abb.1: Feldflagge des 97th Regiment of Foot 1794-96.[8]

Abb.2: Die Stangen sollten 7 Fuß 6 Inches lang sein (229cm), die der „quarter and rear guards" 9 Fuß (274 cm) lang[9] *(Abb.3).*

Markierungs- / Kampierflaggen

Jede Kompanie hatte eine *Markierungsflagge*, deren generelles Aussehen durch königliche Bestimmung (*„Royal Warrant")* vom 19. Dezember 1768 festgelegt war.[9]

In den *„General Regulations and Orders for the Army" (1811-16 erlassene allgemeine Vorschriften und Befehle)*, heißt es über die Flaggen: *„Wenn ein Lager aufgeschlagen ist, müssen die Kampierflaggen in einer Linie mit den Piken und den Zelten der Sergeanten aufgepflanzt sein".* Befand sich ein Bataillon auf dem Marsch, eilte der Quartiermeister voraus, um mit einigen Helfern und den Lagerflaggen einen geeigneten Platz zum kampieren abzustecken.

Sobald sich die Bataillonslinie in Bewegung setzte, schickte der kommandierende Offizier zwei Sergeanten mit Feldflaggen hinter beide Flanken. Je nach dem auszuführenden Manöver stellten diese Feldflaggenleute Hilfspunkte (*„Points")* dar, an denen sich die Männer des Bataillons bei Schwenkungen oder dem Aufmarschieren orientieren konnten.

Die Fahnensektion (Colour-Party)

Die Fahnensektion setzte sich zusammen aus den beiden Fähnrichen *(ensigns)* nebst vier Feldwebeln *(sergeants)* als Bedeckung. Die Handhabung der Feldzeichen war Aufgabe der beiden jüngsten diensthabenden Fähnriche. Auf dem Marsch

6) Milne, S.M.: S. 167f, 7) Milne, S.M.: S. 134ff
8) Haythornthwaite, Philip J, S.278
9) Strachan, Hew: British Military Uniforms 1768-1796, London o.J.
10) Haythornthwaite, Philip J, S.86

Die Foot Guards

King´s Colour, 1st Foot Guards

Regimental Colour, III/1st Foot Guards
Fahne der 8. Kompanie, bei Waterloo von II/1st geführt

*Rechts: „**Ägypten“-Emblem***

Oben:
Abzeichen der Fahnensergeanten und Sergeanten
Zentrums-Kompanien, 1st Foot Guards. Trageweise jeweils an Rock und Mantel.
Die Fahnen-Sergeanten der Fußgarden hatten besondere Abzeichen, auf der kleinen karmesinroten Fahne befand sich das jeweilige Regimentsemblem (Abb. 1-3).[11]
Auf einem 1821 entstandenen Gemälde von Dennis Dighton mit verschiedenen Dienstgraden der Coldstream Guards ist am Ärmel eines Fahnen-Sergeanten das oberste der drei Abzeichen zu erkennen.[12]
Diese Abzeichen wurden nur am rechten Ärmel getragen, bei den Fahnenfeldwebeln der Flankenkompanien dazu am linken Ärmel einfache Sergeantenwinkel (Abb. 4).

Nebenstehende Fahnen:
Das Fahnenpaar der 1st Foot Guards stammte aus dem Jahr 1812. Noch in den 1980er Jahren befanden sich alle vier Fahnen in der Kapelle der Wellington-Kaserne, wo sie seit ihrer Niederlegung deponiert gewesen waren. Der Zerfall war inzwischen so fortgeschritten, dass von den Motiven auf den Tüchern kaum mehr etwas zu erkennen war. Die Zuordnung zu den angegebenen Bataillonen bei Waterloo gemäß in der Kapelle unter den Fahnen angebrachten Inschriften. Die Silhouetten zeigen den Zustand der Fahnentücher nach der Schlacht von Waterloo.[13]

King´s Colour, I/2nd Foot Guards

Regimental Colour,I/13th Company
Bei Waterloo getragen vom II/2nd

11) Bryan Fosten: Soldiers of the Napoleonic Wars. British Foot Guards at Waterloo June 1815. Bd. 2, Ipswich o.J., S. 47f]
12) A.E.H. Miller/N.P. Dawnay: Military Drawings and Paintings in the Royal Collection. Vol. I, Plates. London 1966. Cat. Nr. 432
13: Milne, S.188ff

übernahmen abwechselnd Kompanie-Sergeanten vom Dienst das Tragen der mit ihren Überzügen versehenen Fahnen.[10]

Die Fahnenbegleiter-Feldwebel sollten möglichst im Rang eines *colour-sergeants* (Fahnen-Feldwebel) stehen. Dieser Rang war 1813 speziell für die Dienstgradgruppe der Feldwebel geschaffen worden, *„in Anbetracht ihrer bisherigen Verdienste und vorbildlichen Haltung"*. Die als Fahnen-Feldwebel ausgezeichneten Sergeanten sollten neben einer Solderhöhung ein besonderes Ehren-Abzeichen erhalten.

Das über ihrem Winkel befindliche Emblem sollte aus dem Symbol einer Regimentsfahne bestehen, *„gestützt von zwei gekreuzten Schwertern"*. Voraussetzungen für den Erhalt dieser Auszeichnung sollten allein Besonnenheit, Ehrenhaftigkeit, Treue und persönliche Tapferkeit sein. Im Feld sollten diese Fahnen-Feldwebel die Feldzeichen des Bataillons begleiten, ihre sonstigen dienstlichen Aufgaben in der Kompanie oder dem Bataillon blieben die gewöhnlichen.[14]

Abgesehen vom speziellen Ärmelabzeichen unterschieden sich die Fahnen-Sergeanten hinsichtlich ihrer Ausstattung nicht von den anderer Feldwebel ihrer jeweiligen Kompanien. Sergeanten der Bataillons- und Grenadierkompanien waren mit Pike (*„halfpike"*) und Degen (engl. Bezeichnung *„sword"*, also *„Schwert"*) bewaffnet, die der leichten Kompanien mit Gewehren.

Weiteres Kennzeichen der Sergeanten war die karmesinrote wollene Schärpe mit einem Mittelstreifen in der Abzeichenfarbe, welcher bei Regimentern mit roten Abzeichen weiß war. Bei den Fußgarden fehlte der Streifen. Die karmesinfarbenen Schärpen der Fähnriche waren aus Seide gewirkt.

Die Position der Fahnensektion in der Aufstellung

Neben den vom Kriegsministerium herausgegebenen *„Rules and Regulations for the Formations, Field-Exercise, and Movements, of His Majesty´s Forces"* existierten einige weitere Exerzieranleitungen, nach welchen einige Regimenter sich richteten. Wichtigste Formation im Feld war 1815 die zwei Glieder tief aufgestellte Linie, in welcher sowohl gefeuert als auch gegen den Feind vormarschiert sowie mit gefälltem Bajonett attackiert wurde.

Die beiden Fahnenträger standen in der Mitte, zwischen den Bataillons-Kompanien Nr. 4 und Nr. 5. Sie behielten auch beim Vorrücken in Linienformation diesen Platz bei (siehe dazu im Abschnitt KGL die Seiten 40, 41). Die tief gestaffelte Kolonnenformation in Halbkompanie-Breite diente zum Manövrieren. Hier befand sich die für sich marschierende Fahnengruppe genau zwischen der 5. und 6. Kompanie. Hatte sich das Bataillon zum Schutz gegen feindliche Reiterei zum Viereck formiert, standen die sechs Mann der Fahnensektion - in der Anordnung wie in der Linienaufstellung, mit Blickrichtung zum Feind - zusammen mit den Offizieren und Trommlern in der Mitte. Die Königsfahne wurde stets rechts neben der Regimentsfahne getragen.

Trophäen und die Schicksale eigener Fahnen

Die beiden von der alliierten Armee Wellingtons eroberten Feldzeichen waren von Angehörigen der Unions-Brigade Ponsonbys erbeutet worden. Die glücklichen Eroberer waren Angehörige der *Royal North British Dragoons („Scots Greys")* und der *1st Royal Dragoons („Royals")*. Die Unionsbrigade war hinter den Brigaden Pack (55th, 92nd, 42nd Regiment of. Foot) und Kempt (28th, 79th, 32nd Regiment of Foot) der Division Picton postiert.

Im Laufe des Angriffs der Infanteriekolonnen von d´Erlons I. Korps hatten die Brigaden Quiot und Marcognet den linken Flügel der Brigade Kempt umgangen. An der Spitze geht das I. Bataillon der 45e vor. Als ihnen unvermutet die Hochländer des 42. und des 92. Regiments den Weg verlegen, entwickelt sich zwischen den etwa 30 Schritt voneinander entfernten Linien der Franzosen und der Gordon Highlanders ein mörderisches Feuergefecht.

Die Unionsbrigade wird nach vorn gezogen, wobei die Royals mitten durch die Reihen des 28. Regiments passieren, die Greys trotten zwischen denen der 92. Hochländer hindurch. Aufgrund der Bodenbeschaffenheit und der dicht gedrängten Soldatenmassen können sich die Reiter inmitten der französischen Infanteristen lediglich im Schrittempo bewegen.

Bildtafel rechts:
Ausstattung von Sergeanten und Fähnrichen der Bataillons-Kompanien, feldmäßiger Anzug
Auf der linken Tafelhälfte sind die Sergeanten, rechts die Fähnriche gezeigt. Es sind jeweils dargestellt: Rock und Beinkleid, Trageweise der Winkelabzeichen (beide Ärmel), Ovalbeschlag des Schwertbandeliers, Knopf im Detail.
Die vorschriftsmäßige Mantel-Ausführung ist, abgesehen von der Aufschlags- und Kragenfarbe bei den Sergeanten, für die gesamte Infanterie identisch. Feldmäßig ist der „belgische" Tschako mit einem Überzug versehen (Abb.8). In diesem Zustand ist sein Erscheinungsbild für alle jene Regimenter, welche damit ausgestattet sind, und für alle Dienstgrade das gleiche. Im Gegensatz zu den dunkleren Röcken der Gemeinen waren die der Sergeanten und Fähnriche leuchtend („scharlach"-)rot.

A: Fußgarden (1st Regiment of Foot Guards).
B: Linien-Infanterie (69th Regiment of Foot). Die Abzeichenfarbe des Regiments ist „willow green" (Weidenbaumgrün).
C: Hochländer-Regimenter (79th Cameron Highlanders).
1: Schwert für Sergeanten der Fußgarden.
2: Schwert für Sergeanten der Linien-Infanterie.
3: Schwert für Fähnriche.
4: Colour-Sergeant-Abzeichen, Linien-Infanterie.
5: Sergeantenwinkel, Linien-Infanterie.
6: Winkelform der Cameron Highlanders.
7: Fahnenträger-Bandelier.
8: Belgischer Tschako im feldmäßigen Überzug.
9: Sergeantenpike (siehe auch Tafel S. 23).

Besonderheiten der Fußgarden:
Sergeanten haben goldene Tressen und eine besondere Schwertvariante. Schärpe ohne Mittelstreifen.
Linien-Infanterie:
Alle Tressen auf den Röcken der Sergeanten sind grundsätzlich weiß (im Gegensatz zu den regimentsweise unterschiedlich gemusterten Tressen der Mannschaften und der Korporale).
Besonderheiten der Hochländer-Regimenter:
Die Schärpen werden über der linken Schulter getragen. Sporrans (Felltaschen mit Troddeln) wurden im Feld nicht angelegt. Die Körbe einiger Breitschwerter waren mit einem abnehmbaren roten Innenfutter ausgekleidet. Trageweise am Schulterbandelier wie bei Abb.2. Die Fähnriche der Hochländer-Regimenter trugen entgegen der Vorschrift Epauletten auf beiden Schultern. Bei den Cameron Highlanders hatten alle Sergeanten die Winkel auf beiden Armen. Das Muster der Kilts im 79. Regiment ist der „Cameron of Erracht"-Tartan.

[Die Darstellungen stützen sich neben diversen anderen Quellen zu einem großen Teil auf Arbeiten von Bryan Fosten, u.a. in: D.S.V. & B.K. Fosten. The Thin Red Line. Uniforms of the British Army between 1751 & 1914. London 1989. S.32-51]

14) General Regulations and Orders for the Army. London 1816, S. 386

Infanterie. Uniformen der Sergeanten und Fähnriche

1st Dragoons (Royals)

Auf dem rechten Flügel sehen sich die Infanteristen der vorgehenden Brigade Alix (Bourgeois) so überraschend von den 1st Royal Dragoons angegriffen, dass sie nicht mehr in der Lage sind, zur Abwehr der Reiter ein Karree zu bilden. Als die Dragoner den Kamm der Anhöhe herabkommen, treffen sie zuerst auf das führende Regiment, die 105e de Ligne, welches beim unvermuteten Auftauchen der Reiter sofort kehrt macht, um auf die weiter hinter ihnen vormarschierende Kolonne der 28e de Ligne zurückzufallen. Die andrängende Reitermasse schiebt die Kolonnen der Franzosen derart zusammen, dass diese nicht einmal mehr in der Lage sind, überhaupt noch ihre Gewehre zu gebrauchen.

"In dem dichten Haufen der von den Dragonern umringten Infanteristen befand sich der Fahnenträger mit dem Adler des 105. Regiments. [...] Vergebens suchte der Adler hinter den Bajonetten einer ausgewählt tapferen Schaar einen sicheren Horst."[15] Captain Clarke von den Royals, welcher die Mittelschwadron kommandierte, entdeckte erst nach fünf oder sechs Minuten des Kampfes den Adler und eine daneben befindliche andere Fahne.[16]

Da das französische Regiment gerade zur Richtungsänderung abschwenkte, stand die Fahnensektion, bemüht sich durch die Menge vorwärtszubewegen, für einen Moment allein und wandte Clarke den Rücken zu.

"... da sah ich etwas links von mir mitten in dem Haufen des feindlichen Fußvolks einen französischen Adler auf der Fahnenstange mit der flatternden Tricolore. Sofort kommandierte ich: Rechte Schulter vor!, zeigte meinen Leuten den Adler und mit Hurrah! ging´s drauflos." Clarke stößt dem Fahnenträger sein Schwert in die rechte Seite, dieser wankt, kann jedoch zunächst nicht zu Boden fallen, so gedrängt steht die Masse. Dann stürzt er, der Adler fällt über den Kopf von Clarke´s Pferd. Dieser versucht, die Fahne mit seiner Linken zu greifen, bekommt aber nur die Fransen zu fassen. Das Feldzeichen wäre beinahe zu Boden gefallen, stiess jedoch gegen den Hals des Pferdes von Korporal Styles, der linkerhand dicht neben Clarke ritt.

„Der Adler schlug gegen den Kopf meines Pferdes; dies that einen gewaltigen Seitensprung, ich faßte das Fahnentuch und rief meinen Leuten zu "Bringt den Adler in Sicherheit; er gehört mir an!" Von dem dichtesten Gedränge der Feinde umschlossen, versuchte ich den Adler von dem Stocke abzubrechen; es gelang mir nicht. Corporal Styles [...] rief mir zu:

"Sir, nicht abbrechen!" "Very well" sagte ich, da nimm und bring ihn, so schnell es sich thun läßt, in Sicherheit." Er that so, ich aber, obschon verwundet, blieb bei meiner Schwadron, mit der ich den Feind weiter verfolgte, bis abends sieben Uhr...". Corporal Styles gelang es, die Trophäe in Sicherheit zu bringen, wobei er sich mit dem Schwert seinen Weg durch die Masse der Feinde regelrecht freihauen mußte.[17]

Captain Clark-Kennedy, unter dem zwei Pferde getötet wurden, trug zwei Verwundungen davon. Als besondere Auszeichnung wurde ihm der Titel eines *„C.B"*, (*Companion of the Bath)*, Bruder des Bath-Ordens, verliehen. Seinem Familienwappen durfte er die Symbole eines napoleonischen Adlers und einer Fahne hinzuzufügen, dazu als Helmzier *„einen halben Drachen, eine Fahne mit einem Adler darin haltend"*.[17]

Corporal Francis Styles beförderte man zum Wachtmeister. 1816 erhielt er die Stelle eines Fähnrichs im 6th West India Regiment. Ab 1817 bezog Styles seine Pension, er verstarb 1828 in London.[18] Das Regiment der Royal Dragoons wurde mit der Erlaubnis ausgezeichnet, fürderhin einen napoleonischen Adler als Kragenabzeichen und in der Regiments-Standarte einen ebensolchen aufgestickten Adler tragen zu dürfen.

2nd Royal North British Dragoons (Scots Greys), Waterloo

Als die Schotten zum Bajonettangriff übergehen wollten, kamen hinter ihnen die Scots Greys heran, um, herbeigerufen durch ein Zeichen General Sommersets, den 2. Leib-Garde-Dragonern zu Hilfe kommen, welche in ein Gefecht mit französischen Kürassieren verwickelt waren.

Die 92. und 42. standen ihnen jedoch im Weg, wurden aufgefordert Platz zu machen und ließen die Reiter durch ihre auseinandergezogenen Reihen passieren. Um zu den *Life Guards* zu gelangen, mußten die *„Schottischen Grauen"* nach dem Bericht des Dragoner-Sergeanten *Ewarts* nun durch zwei jeweils etwa 500 Mann stark feindliche Infanterie-Kolonnen hindurch. Die englische Reiterei hat dabei den Vorteil, sich in dem mäßig ansteigenden Gelände hangabwärts zu bewegen, wobei Wachtmeister Ewarts inmitten der Franzosen einen Regimentsadler entdeckt.

„Eine dicht geschlossene Schar hatte sich um den Adler des 45. Regiments gesammelt. Sergeant Ewart, dem hünenhaften Fechtmeister der schottischen Dragoner, gelang es, in den dichtgeschlossenen Haufen bis zum Fahnenträger einzudringen".[19]

Der Adlerträger verteidigt das Feldzeichen hartnäckig. Als er einen Degenstich gegen die untere Rippengegend Ewarts führt, parierte dieser mit seinem Schwert und spaltet gemäß seines späteren Berichts dem Franzosen den Schädel. Nun wird Ewart von einem französischen Ulanen angegriffen, welcher die Lanze nach ihm wirft. Der Schotte wehrt sie mit dem Schwert zur rechten Seite ab und zieht einen von unten geführten Hieb durch Kinn und Zähne des Lanciers.

„Als nächstes wurde ich von einem Infanteristen angegangen, der zuerst einen Schuß auf mich abgab und mich dann mit dem Bajonett angriff. Doch er verlor den Kampf sehr schnell, denn ich parierte und haute ihn mit einem Hieb in den Kopf nieder ..."

Ewart ergreift die Trophäe, um mitsamt dem Beutestück seinen Kameraden zu folgen, als der General ihn zurückhält und ihm befiehlt, den Adler hinter die Linien in Sicherheit zu bringen. Mit dem kostbaren Stück reitet er nach Brüssel, wo er den Beifall zahlloser Zuschauer erhält.

Sergeant Charles Ewart hatte sich 1789 als Zwanzigjähriger in Kilmarnock bei der seinem Geburtsort am nächsten gelegenen Rekrutenannahmestelle in das Regiment eingeschrieben. 1793-95 hatte er an den Feldzügen in den Niederlanden teilgenommen. Aufgrund seines überdurchschnittlichen Charakters und besonderer Diszipliniertheit wurde Ewart zum Sergeanten befördert, wegen seiner Künste im Umgang mit dem Pallasch ernannte man ihn zum Regiments-Fechtmeister. Mit seiner Größe von 1,90m war Ewart ein Mann von herausragender Gestalt und Kraft, auch konnte er lesen und schreiben.

Das Heldenstück bei Waterloo machte Sergeant Ewart in Großbritannien zu einem berühmten Zeitgenossen. Der schottische Nationaldichter Sir Walter Scott reichte den eher zurückhaltenden Mann mit inszenierten Vorträgen über die Adler-Eroberung auf zahlreichen Empfängen und bei Festessen innerhalb der gehobenen Gesellschaft im ganzen Land herum.

Als Auszeichnung für seine Tapferkeit erhielt Ewart 1816 die Stelle eines Fähnrichs im 5. Veteranen-Bataillon. 1821 trat er seine Pension an und lebte nun als verheirateter Zivilist bei vollem Fähnrichssold von täglich fünf Schilling 10 Pence.

Ewart starb 1846 mit 77 Jahren in der Nähe von Manchester. Seine sterblichen Überreste wurden später nach Edinburgh überführt, wo ihm ein Denkmal errichtet wurde.[18] Der eroberte Adler (siehe Foto S. 10) und das Fahnentuch befinden sich heute im United Services Museum Edinburgh. Das schottische Dragoner-Regiment trägt seit 1815 das Motto *"Waterloo"* nebst einem französischen Adler in ihren Fahnen Mützenabzeichen.

---

15) Förster, 5. Band S.951, nach Siborne.
16) Fraser S.401 17) Fraser S.402
18) Charles Dalton: The Waterloo Roll Call, 1904

1: **Fahnen, II/92nd Regt.**. Rekonstruktion nach dem erhaltenem Fragment (1a) der bei Waterloo und Quatre Bras geführten Regimentsfahne.
4: **Ensign, II/92nd Regt.**

2: **Königsfahne, 33rd Regt.**

3: **Königsfahne, I/32nd Regt.**

5: **Colour-Sergeant, 42nd Regt.**
6: **Ensign, 69th Regt., „undress“.**
6a-c: **Königsfahne, II/69th Regt.**
6c: **Zustand der Fahne nach dem Feldzug 1815.**

6th Irish Dragoons (Inniskillins)

Beim Angriff auf die 54e und 55e Infanterie de Ligne, welche sich im hinteren Abschnitt der Brigade Bourgois befanden, soll ein Dragoner namens *Penfold* den Adler eines der beiden Regimenter erobert haben.

Nach dessen Bericht hatte dieser den Adlerträger, welcher sein Feldzeichen nicht losließ, über eine ganze Entfernung neben seinem Pferd mitgezogen. Dann brach die Stange in der Mitte entzwei und Penfold trug die Trophäe mit sich. Als er kurz darauf seinen Kameraden Hassard in Bedrängnis sah und diesem zu Hilfe kommen wollte, übergab er das Beutestück einem jungen Soldaten seines Regiments, welcher es schließlich verlor.[19]

II/2nd (Coldstream) Foot Guards

I. Korps, 1. Infanterie-Division, 2. Brigade (Byng). Das Bataillon war bei der Verteidigung Hougoumonts eingesetzt, es führte während des Feldzugs 1815 die dem I. Bataillon angehörenden Fahnen. Als das II. Bataillon der Coldstream Guards 1816 nach dem Abzug der alliierten Besatzungsarmee wieder in seine Heimat eingeschifft wurde, geschah dies mit zahlreichen kleinen Schiffen.

Während das vollständig übergesetzte Bataillon sich zum ersten Mal versammelte, stellte man fest dass die Fahnen nicht mitgekommen waren. Niemand konnte sich indes erinnern, in welchem der Schiffe diese sich befunden hatten.

Um dem mit einem Verlust des kompletten Fahnenpaares zwangsläufig bevorstenden Ehrverlust zu entgehen wurde beschlossen, möglichst ohne großes Aufsehen ein neues Paar Fahnen anzuschaffen.

1850 wurden die vermissten Fahnen in einer Besenkammer des Hauses von Sir Alexander Woodford (1815 Major des Bataillons) entdeckt, wo sie in einem Kasten verwahrt lagen. Die Fahnenkiste war 1816 zusammen mit dessen Gepäck dorthin gebracht worden, als das Bataillon sich aus Frankreich eingeschifft hatte.[20]

Aufgrund der hervorragenden Tapferkeit, mit der die Brigade der Foot Guards sich bei Waterloo ausgezeichnet hatte, sollten fortan alle Fähnriche der drei Fußgarden-Regimenter den Rang eines Leutnants haben. Pierre Charrié schreibt in seinem Artikel *„Aigles et Drapeaux en 1815“*, die Garden hätten ihre Fahnen vor Beginn der Kämpfe in der Nähe von Braine unter der Bedeckung von zwei Kompanien zurückgelassen.

I/28th (North Gloucestershire) Regiment of Foot

Im Reserve-Korps, 5. Infanterie-Division, 8. Brigade (Kempt). Bei Quatre Bras und Waterloo wurden die Tücher beider Fahnen völlig zerfetzt. Eines der Ägypten-Embleme fiel, abgerissen, zu Boden. Ob es während der Kämpfe am 16. oder am 18. Juni war, ließ sich später nicht mehr sagen.

Der die zu dem Zeitpunkt arg zusammengeschmolzene Truppe kommandierende Captain Caddell nahm die unbeschädigt gebliebene runde Stickerei auf und verwahrte sie. Nach Caddells Tod wurde das Stück gemäß Vermächtnis dem Regiment übergeben.[21] Wie die Tücher des Fahnenpaares, welches das Regiment 1801 erhalten hatte, genau ausgesehen hatten, ist nicht überliefert.

Angehörige des 28. Regiments eroberten bei Waterloo französische Fanions: Während des Angriffs der Division Marcognet geht das 28. Regiment, wie die Hochländer den attackierenden schottischen Dragonern folgend, zwischen die französische Infanterie vor.

Der Gemeine *Wheeler* gelangt in die Nähe eines Feldwebels der 45e Infanterie de Ligne, welcher die Flagge des II. Bataillons trägt und versucht sogleich, sie dem Franzosen abzunehmen. Wheeler kann den Fanionträger mit dem Bajonett niederstoßen und die Trophäe an sich zu nehmen, wird selbst aber dabei schwer verwundet. Das eroberte Fanion, welches wenige Tage später während des Marsches der Truppe nach Paris an Wellingtons Hauptquartier geschickt wurde, kam dort jedoch nicht an.[22]

Bei einem der Angriffe, welche das Regiment vortrug, erobert der Gemeine *John O´Brien* von der 8. Kompanie eine Flagge der 25e Infanterie de Ligne, kurz darauf erhält er eine schwere Beinverletzung. Das Beutestück kann in Sicherheit gebracht werden und wird dem General-Major Kempt geschickt, welcher die Division kommandiert als das Regiment in Paris eintrifft. O´Brien mußte das Bein abgenommen werden, er erhielt später die Stelle eines Leutnants im sizilianischen Fremden-Regiment, dann beim 62nd Regiment of Foot. 1817 trat er als Invalide mit einer Pension in das *Royal Veteran Bataillon* über.[23]

II/30th (Camebridgeshire) Regiment of Foot, Waterloo

In der III. Inf.-Division, 5. Brigade (Colin Halkett). Major *Macready*, 1815 Lieutenant im Bataillon, erinnert sich, dass gegen Abend, *„als es nur noch darum ging, welche Seite das Töten länger aushalten würde“*, die Fahnen der 30er nach hinten befohlen wurden: *„Diese Maßnahme wurde von vielen mißbilligt, doch ich weiß, nie in meinem Leben habe ich solche Freude empfunden oder der Gefahr so leichten Herzens entgegengesehen wie in jenem Augenblick, als ich unsere guten alten Fetzen in Sicherheit sah.“*[24]

I/32th (Cornwall) Regiment of Foot. Waterloo

Reservekorps, 5. Division, 8. Brigade (Kempt). Im Handgemenge mit den Infanteristen der Brigade Grenier (Korps d´Erlon) verliert das 32nd beinahe eine seiner Fahnen. In der Nähe des die Regimentsfahne tragenden Fähnrichs Belcher war ein französischer Offizier von seinem Pferd gestürzt. Während die Kameraden des Franzosen sich nach erfolgtem Angriff zurückziehen, geht dieser plötzlich auf Belcher los und ergreift die Fahnenstange.

Der Fähnrich vermag das Feldzeichen gerade noch am Tuch festzuhalten. Während der Angreifer im Begriff ist, seinen Säbel zu ziehen, durchbohrt ihm Fahnen-Sergeant Switzer mit der Pike die Brust. Gleichzeitig feuert der rechte Flügelmann der Abteilung einen Schuß auf den Offizier ab, der dem Fähnrich tot vor die Füße fällt.[25]

33rd (1st Yorkshire West Riding) Regt. of Foot. Waterloo

Im I. Korps, 3. Division, Brigade Halkett. Während des Angriffs der Garde-Infanterie geriet die vier Mann tief in Linie stehende Brigade beim Ansturm der 4e Grenadiers ins Wanken. Colin Halkett ergreift eine der Fahnen des Regiments, um die Leute zu sammeln und fällt sogleich.

Das Fahnenpaar, welches das Regiment 1813 neu verliehen bekommen hatte, war beim Sturm auf die Festung Bergen op Zoom im März 1814 nur knapp gerettet worden. Noch 1830 waren die Fahnen in Verwendung, jedoch die Tücher zu dem Zeitpunkt kaum mehr als solche zu erkennen.[26]

I/40th (2nd Somersetshire) Regiment of Foot. Waterloo

Reserve-Korps, 6. Inf.-Division, 10. Brigade (Lambert). Das Regiment stand östlich von La Haye Sainte hinter der Straße nach Charleroi, zwischen dem 4th und 27th Regiment of Foot. In seiner Autobiographie erinnert sich Sergeant *William Lawrence,* wie er bei Waterloo gegen 16[00] zur Fahnenbedeckung abkommandiert wurde:

“Obwohl ich an den Krieg gewöhnt war wie irgendein anderer, war dies ein Dienst, den ich ganz und gar nicht mochte, aber ich

---

19) Fraser, S.402
20) Milne, S.192
21) Milne Tafel XX und S.141
22) Fraser, S.399
23) Charles Dalton
24) Milne S.183
25) Keegan S.217
26) Milne S.187
27) Milne S.182

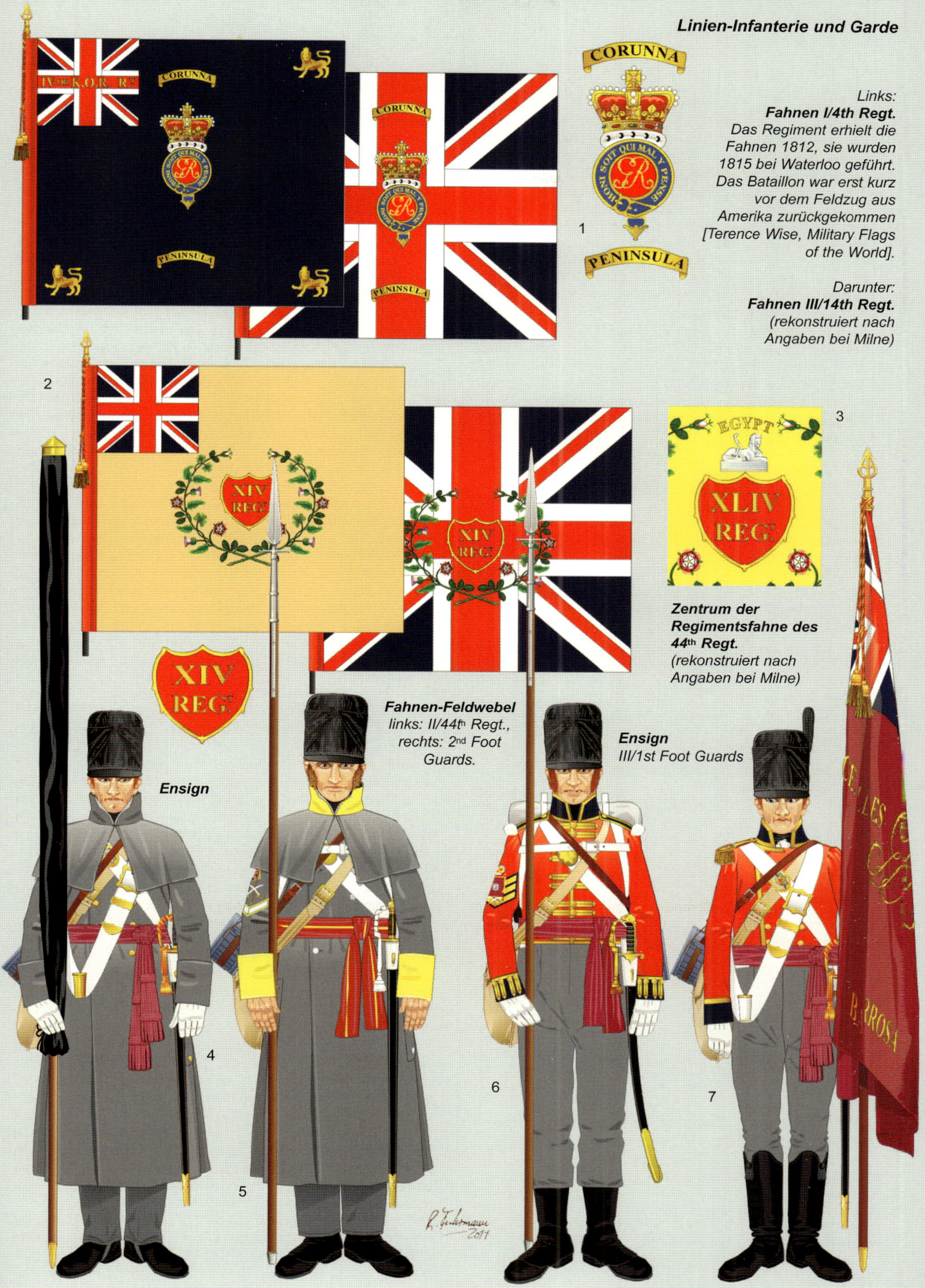

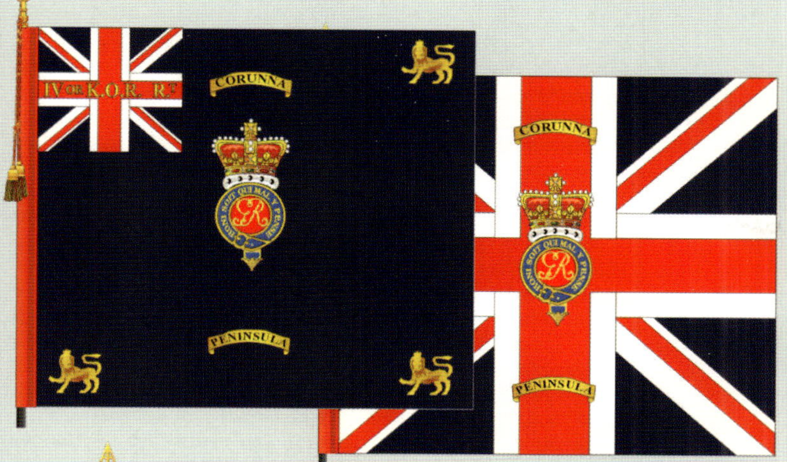

1

Links:
Fahnen I/4th Regt.
Das Regiment erhielt die Fahnen 1812, sie wurden 1815 bei Waterloo geführt. Das Bataillon war erst kurz vor dem Feldzug aus Amerika zurückgekommen [Terence Wise, Military Flags of the World].

Darunter:
Fahnen III/14th Regt.
(rekonstruiert nach Angaben bei Milne)

2

3

Zentrum der Regimentsfahne des 44th Regt.
(rekonstruiert nach Angaben bei Milne)

Ensign

4

5

Fahnen-Feldwebel
links: II/44th Regt., rechts: 2nd Foot Guards.

Ensign
III/1st Foot Guards

6

7

ging so mutig an die Arbeit wie ich nur konnte. Vor mir waren an diesem Tag bereits 14 Sergeanten bei den Fahnen verwundet und getötet worden und eine entsprechende Anzahl an Offizieren, und die Stange und die Fahne waren fast völlig in Stücke. Obwohl ich jetzt ein alter Mann bin, erinnere ich mich daran als sei es erst gestern gewesen."[27]

I/42nd Highlanders (Royal Highland) Regiment of Foot. Quatre Bras, Waterloo

Im Reservekorps, 5. Division, Brigade Pack. Ein 1816 in Edinburg erschienener Report beschreibt die im Waterloo-Feldzug mitgeführten Fahnen als *"vollkommen weggeschossen, kaum mehr als nur die Fahnenstangen noch vorhanden"*.

Die bei Waterloo geführten Fahnen hatte das Bataillon 1808 oder 1809 erhalten, über deren Aussehen gibt es keinerlei Erkenntnis. Das dem I. Bataillon 1802 verliehene Paar dagegen befand sich weitgehend unbeschädigt 1893 im Besitz des Herzogs von Richmond und Gordon. Milne erwähnt ein weiteres 1893 vorhandenes Fahnenpaar, welches vermutlich das II. Bataillon bei seiner Errichtung 1803 erhalten hatte. In den Hochland-Regimentern trugen auch die Ensigns der Zentrumskompanien Epauletten auf beiden Schultern. Die Tressen der Sergeanten des Royal Highland Regiments waren nach *W.Y. Carman, British Military Uniforms from contemporary Pictures, 1957*, entgegen der Vorschrift „gemäß einer alten Tradition" aus Silbertressen.

II./44th (East Essex) Regiment of Foot. Waterloo

Reservekorps, 5. Division, Brigade Pack. Überliefert ist das Aussehen der Fahnentücher vom I. Bataillon. Sie trugen ein herzförmiges Schildchen mit der Regimentsnummer in einem einfachen Unionskranz. Auf der Schild-Oberkante eine gemäß der Anbringungsvorschrift zur „falschen" Seite blickende Sphinx mit dem Ägypten-Schriftzug darüber. Nach Milne hatte sehr wahrscheinlich das II. Bataillon identische Fahnen erhalten, denn sie waren vom gleichen Colonel - vermutlich auch bei demselben Künstler in Dublin - in Auftrag gegeben worden. *„Die Symbolik war identisch auf Königs- und Regimentsfahne"* (siehe Abb. Tafel S. 31).[28]

Bei Quatre Bras stand das Bataillon in Linie formiert, als sich aus einiger Entfernung ein Kavallerieverband näherte, der für belgische Reiterei gehalten wurde. Dass es sich bei den Reitern um Pirés 6e *Chevau-légèr lanciers* und die 1er *Chasseurs à cheval* handelte, wurde erst in dem Augenblick erkannt, als die Kavalleristen auf einmal direkt vor den 44ern aus dem hohen Getreide auftauchten.

Das Bataillon vermag kein Karree mehr zu bilden und im Nu sind die East-Essex-Leute von feindlichen Kavalleristen umgeben. Einer der Lanciers geht direkt auf die Fahnengruppe los und stößt Fähnrich Christie, dem Träger der Königsfahne, die Lanzenspitze durch das linke Auge bis zum Unterkiefer.

Christie wirft sich über das ihm anvertraute Feldzeichen, zerrt es von dem Franzosen weg und fällt damit zu Boden - dabei reißt der Franzose mit der Spitze seiner Lanze ein Stück aus dem Tuch heraus. Sogleich wird von mehreren Soldaten des Bataillons auf ihn gefeuert, so dass er tot von seinem Pferd stürzt.

Das Fahnenfragment wurde gerettet, gelangte in den Besitz von Lieutenant-Colonel O´Malley und wurde nach dessen Tod dem Regiment zur Aufbewahrung übergeben. Auf dem Tuchstückchen befanden sich Spuren von Farbe und Firnis, woraus sich schließen läßt dass die Fahnen bemalt und nicht bestickt waren. Fähnrich Christie überlebte seine schwere Verwundung, 1833 starb er in Jamaika am Fieber.[29]

I/52nd Oxfordshire Light Infantry. Waterloo

Im II. Korps, 2. Infanterie-Division, 3. Brigade (Adam). Obgleich leichte Infanterie, besaß das Regiment Fahnen, welche bei Waterloo im Gefecht waren. Fähnrich William Leeke, welcher die Regimentsfahne trug, erlitt eine Daumenprellung durch das herangeschleuderte Schädelstück eines direkt vor ihm tödlich Getroffenen. Das Knochenfragment flog so hart gegen seinen Daumen, welcher auf der Fahnenstange ruhte, dass dieser am folgenden Morgen *"schwarz war und heftig schmerzte"*.[30]

Die Königsfahne verschwand während der Schlacht. Der tödlich getroffene Fähnrich William Nettles hatte sie im Fallen unter seinem Körper begraben, erst am folgenden Tag wurde das Feldzeichen unter dem Leichnam entdeckt.[31]

II/69th (South Lincoln) Regiment of Foot

Im I. Korps, 3. Division, Brigade Colin Halkett. Quatre Bras. Die Bezeichnung der Kennfarbe des Regiments ist *„willow green"*, also Weiden(baum)grün - ein *„graustichiges Oliv, etwas gelblicher und damit heller als Salbeigrün"*.[32]

Das 69. Regiment erhält etwa um 17[00] von Halkett Order, sich auf den bevorstehenden Angriff von Ney´s Reiterei vorzubereiten. Während das Bataillon sich zum Karree formiert, befiehlt der Prinz von Oranien, es in Linie auseinanderzuziehen. Träger der Königsfahne ist Ensign Keith, die Regimentsfahne wird vom jüngsten Offizier, Ensign Ainslie, getragen.

Während um ca. 17[30] das in einer leichten Senke stehende Regiment dem Befehl des Prinzen folgend zur Linie deployiert, stehen die beiden Fahnenträger, lediglich umgeben von den Begleit-Sergeanten, für einen Augenblick allein auf dem Feld. In diesem Moment taucht unvermutet ein feindlicher Kürassierverband (Regimenter Nr. 8 und Nr. 11) aus dem hohen Getreide auf und rollt das Bataillon von einer der Flanken her auf. Drei

28) Milne S.159, 29) Charles Dalton
30) Keegan S.233
31) Haythornthwaite: Die Uniformen der Schlacht von Waterloo, S. 120
32) Georg Seufert: Farbnamenlexikon, Berlin 1955
33) Mike Robinson: The Battle of Quatre Bras 1815. Stroud 2009

Kompanien werden zusammengehauen, die Kürassiere reiten kreuz und quer über und durch die Männer.

Ein kleiner Pulk der Reiter geht direkt auf die Fahnengruppe los. Major Lindsay und Lieutenant Pigot wollen den beiden Fahnenträgern zu Hilfe kommen, werden jedoch gleich niedergehauen. Als Ensign Ainslie sieht, wie die Leute seines Bataillons in alle Richtungen davonlaufen, wirft er sich mit der Regimentsfahne nieder. Einer der Colour-Sergeants ergreift die Fahnenstange, geht dabei aber selbst auch zu Boden.

Im Durcheinander entgeht die Regimentsfahne auf diese Weise vorübergehend der Aufmerksamkeit der Kürassiere, nun wird die Eroberung der Königsfahne zu deren vorrangigen Ziel und ein erbitterter Kampf um dieses Feldzeichen entbrennt, Fähnrich Keith stürzt, von einem der Kürassiere niedergeritten, zu Boden.

Jetzt ist es der 16jährige Sandhurst-Kadett Clarke, welcher sich für den Feldzug als Freiwilliger zum Bataillon gemeldet hatte, der die Fahne ergreift. Sogleich ist der Kadett von Kürassieren umringt. Sich krampfhaft an die Fahne klammernd, erhält er insgesamt 23 Hieb- und Stichwunden. Mit seinem Degen tötet er dabei selbst noch drei französische Reiter, bevor er schließlich fällt und die Kürassiere sich mit der zerrissenen Trophäe davonmachen.[33]

Die mit diesem Fahnenverlust verbundene Schande war für das Regiment um so größer, als das II. Bataillon erst im Vorjahr beim gescheiterten Sturm auf die französisch besetzte Festung Bergen-op-Zoom beide Feldzeichen verloren hatte. Ihnen waren daraufhin die nun im Feldzug 1815 getragenen, noch ganz neuen Exemplare verliehen worden.[34]

Um zu verhindern, dass der erneute Fahnenverlust bekannt würde, liess man von den Bataillonsschneidern eine Kopie der Königsfahne anfertigen.[35] Der Betrug wurde jedoch offenbar, als die Königsfahne der 69er kurz nach der Schlacht zusammen mit anderen von französischen Truppen eroberten Feldzeichen auf einer Trophäenausstellung in Paris präsentiert wurde.[36]

Die dort ausgestellt gewesene Fahne soll 1909 von einem britischen Touristen in einem französischen Schloß an der Wand hängend entdeckt worden sein. Der Schlossherr verkaufte dem Briten das Stück, dieser übereignete die erworbene Fahne dann dem 69. Regiment.[37]

Die Abb. der Königsfahne in der Tafel S. 29 wurde nach einem Foto angefertigt, welches das Feldzeichen im Zustand vor seiner Restaurierung zeigt.[38] Wie häufig bei Beschädigungen bestickter Fahnentücher, ist zwar das Seidentuch zerrissen, die widerstandsfähigere Stickerei aber weitgehend unbeschädigt.

I/71st (Glasgow) Highland Light Infantry, Waterloo

II. Korps, 2. Infanterie-Division, 3. Brigade (Adam). Die leichten Glasgower Hochländer waren das einzige britische Regiment der Linien-Infanterie, welches im Waterloo-Feldzug keine Feldzeichen führte.[39] Das im Spanienkrieg eingesetzte Regiment hatte seinerzeit sein Fahnenpaar im Londoner Tower zurückgelassen.

Bei ihrer Rückkehr 1814 fanden die 71er ihre dort deponierten Feldzeichen nicht mehr vor. Sie waren zusammen mit etlichen Fahnen einiger weiterer Regimenter, welche man eigens dazu aus dem Tower hatte holen lassen, als Wandschmuck bei einem Bankett des Prinzregenten für die 1814 in London anwesenden alliierten Regierungsoberhäupter verwendet worden. Nach dem Ende dieser Veranstaltung soll das Feldzeichenpaar des I/71st verschwunden gewesen sein.

II/73rd Regiment of Foot, Waterloo

III. Inf.-Division, 5. Brigade (Colin Halkett). Etwa gegen 18³⁰, nach der Einnahme La Haye Saintes durch Neys Truppen und vor dem Großangriff der Garde-Infanterie, brachten das 30th Foot und das 73rd Foot die Tücher ihrer Fahnen in Sicherheit: Sie wurden Sergeanten um den Leib gewickelt und diese damit sogleich nach hinten geschickt. Wenig später werden die Reste der beiden Regimenter vom ersten Ansturm der I/3e Grenadiers zurückgeworfen.[40] Sergeant Morris berichtet in seinen Lebenserinnerungen:

„Als wir zum abschließenden Angriff in einer vier Mann tiefen Linie formiert wurden, befahl Major Kelly die vollkommen zerrissenen Fahnen von ihren Stangen zu nehmen. Sie wurden um den Leib eines verlässlichen Sergeanten gewickelt, welcher Instruktionen erhielt, sie nach Brüssel in Sicherheit zu bringen. Wir hatten keinen Offizier mehr, welcher sie hätte tragen können." Das Bataillon führte die zerfetzten Fahnen bis zu seiner Auflösung 1817.[41]

I/79th Cameron Highlanders, Waterloo

Reserve-Korps, 5. Inf.-Division, 8. Brigade (Kempt). Als das Regiment 1814 aus dem Halbinsel-Feldzug in die Heimat zurückkehrt war, hatten die Tücher seiner Fahnen nur noch aus einigen Fetzen bestanden.

Der Bericht des Fahnen-Inspektors von Mai 1815 erwähnt, das Regiment habe bei seiner Verschiffung das Fahnenpaar des II. Bataillons (welches von 1804-1814 existiert hatte) zugesandt bekommen. Das Aussehen dieser Fahnen ist nicht überliefert. Einen eigenen neuen Fahnensatz erhielt das I. Bataillon erst im Oktober 1815 während es Teil der Besatzungsarmee in Frankreich war.[42]

I/92nd Rgt. of Foot (Gordon Highlanders), Quatre Bras

Reserve-Korps, 5. Inf.-Division, 9. Brigade (Pack). Die Regimentsfahne, welche das Bataillon 1794 erhalten hatte, bestand am Ende des Peninsula-Feldzuges nur noch aus Fetzen und war 1807 abgelegt worden. Über die Regimentsfahne, welche im Feldzug 1815 vom I. Bataillon geführt wurde, gibt es keine näheren Angaben. Erhalten blieb lediglich ein Fragment des Fahnenzentrums nebst dem kleinen Union-Jack aus der oberen Ecke (siehe Abb. in Tafel S. 29).

Bei Quatre Bras werden die Gordon Highlanders von Chevau Léger-Lanciers überrascht, welche irrtümlicherweise zunächst für Verbündete gehalten werden. Als die Täuschung erkannt wird, kann das Bataillon die feindlichen Reiter nur noch in Linien-Aufstellung empfangen, wobei das zweite Glied sich im „Kehrt" formiert.

Während des sich entwickelnden heftigen Kampfes, welcher bei der Fahnengruppe in ein erbittertes Handgemenge ausartet, stößt einer der Ulanen stößt dem Fähnrich Christie seine Lanzenspitze durch das Auge, doch dieser hält die Fahne fest umklammert, wobei ein Stück aus dem Fahnentuch herausgerissen wird.[43]

Beim Eintreffen des I. Bataillons in Edinburgh 1816 wurden die armseligen Reste der Fahne an den Colonel des Regiments, Lord Hopetoun übergeben, in dessen Familie sie sich 1893 noch befanden. Anstelle des nahezu zerstörten Feldzeichens nahm das Regiment nun die noch neuwertige Regimentsfahne des 1814 aufgelösten II. Bataillons in Gebrauch. Diese glich dem älteren Muster des I. Bataillons von 1794, trug jedoch zur Unterscheidung einen roten waagerechten Balken quer über die Mitte des gelben Tuchs.[44]

---

34) Milne S.180
35) Haythornthwaite: The Armies of Wellington, London 1994, S. 80
36) I.Sumner/R.Hook: British Colours & Standards 1747-1881 (2) Oxford 2001, S.20f
37) S.Maugham: With the 69th in the Waterloo-Campaign", Darlington
38) Mike Robinson: The Battle of Quatre Bras 1815, Stroud 2009
39) Milne S.181
40) Hamilton-Williams, S.337, 41) Milne S.187
42) Milne S.185f
43) Dr. W. Zelle: 1815. Die hundert Tage von Elba bis Helena. 1915
44) Milne S.183

Der blau ausgemalte Hintergrund der runden, in gold gefaßten Kartusche zeigt die Beschriftung KINGS GERMAN LEGION IV BATTALION

Ausschnitte aus der Königsfahne** (oben) **und der Bataillonsfahne** (rechts), **IV. Linien-Bataillon KGL.

Historisches Museum am Hohen Ufer, Hannover. Fotos Markus Gärtner.

DIE KÖNIGLICH DEUTSCHE LEGION (KGL)

Die Truppen der Englisch-Deutschen Legion standen an den gefährlichsten Punkten der gesamten Schlachtaufstellung des anglo-alliierten Heeres. Die bedeutendsten Verluste innerhalb der Linien-Bataillone der KGL hatten Nr. V, I, III und VIII. Bei Waterloo standen das I., II., III. und IV. Linien-Bataillon in der KGL-Brigade *Du Plat* (2.200 Mann). Zunächst im hinteren Bereich des anglo-alliierten rechten Flügels postiert, wurde die Brigade um 17[00] zwischen die weiter vorn stehenden zusammengeschmolzenen Truppenteile gezogen und bewegte sich nach 18[00] an der Nordost-Ecke von Hougoumont entlang gegen Belle-Alliance vor. Die Linien-Bataillone V und VIII befanden sich in der Brigade Ompteda zusammen mit dem I. und II. KGL-Leichtbataillon, keine 500m nördlich von La Haye Sainte.

Im Laufe des Nachmittags trugen beide Bataillone Angriffe gegen feindliche Infanterie am Westrand von La Haye Sainte vor. Alle Linien-Bataillone hatten außerdem, zu Karrees formiert, zahlreiche Angriffe französischer Kavallerie abzuwehren.

Die Angehörigen der *Königlich Deutschen Legion* (auch *Englisch-Deutsche Legion*, *Des Königs Deutsche Legion* oder *The King´s German Legion*, kurz *KGL*) waren gut eingeübte und disziplinierte Soldaten, viele von ihnen ehemalige Angehörige der 1803 aufgelösten hannoverschen Armee. Die meisten hatten bereits den Halbinsel-Feldzug mitgemacht. Aufgrund ihrer 1814 ausgelaufenen Dienstverträge hatte ein großer Teil der Leute den Abschied genommen, bevor die Feindseligkeiten erneut ausbrechen sollten. Die Anwerbung neuer Soldaten für die KGL verlief nur sehr schleppend, so dass - auch wegen der Abgaben an zu schwache hannoversche Truppenteile - die Stärke der Linien-Bataillone im April 1815 von den ursprünglich 10 Kompanien auf sechs verringert wurde. Davon bestand wie bei den Briten neben dem Gros der Zentrumskompanien je eine Kompanie aus Grenadieren, eine andere aus leichten Infanteristen. Die Soldaten erhielten einen vergleichsweise hohen Sold und waren gut ausgerüstet. Auf den ersten Blick scheinen die Uniform und Ausstattung der britischen Infanterie zu gleichen, doch gab es ihr gegenüber bei genauerem Hinsehen eine ganze Reihe von Abweichungen.

Die überwiegende Zahl der Offiziere, welche zur Hälfte aus dem Landadel und dem gehobenen Bürgertum stammten, hatte bereits in der hannoverschen Armee gedient. Wie in der britischen Armee wurden die Fahnen von Fähnrichen *(ensigns)* im Rang eines *Seconde-Lieutenants* getragen, die Fahnenbegleiter waren Sergeanten. Einzige Grundlage für den Erhalt eines Offizierspatentes in der KGL sollten ausdrücklich Eignung und Haltung des Betreffenden sein, unabhängig von seiner sozialen Herkunft. Viele der bei Waterloo in den Linien-Bataillonen befindlichen Fähnriche hatten erst 1814 oder 1815 ihr Patent bekommen, waren gerade einmal etwa 15 Jahre alt!

Die Aufstellung der Fahnengruppe (Colour Party)

Das Exerzier-Reglement und die Kommandosprache waren die englischen.[1] Die Formierung der auf dem Gefechtsfeld einzunehmenden taktischen Aufstellungen geschah nach dem vom Kriegsministerium herausgegebenen Exerzier-Reglement *Rules and Regulations for the Formations, Field-Exercise, and Movements, of His Majesty´s Forces.* Zum Platz der einzelnen Angehörigen in der Fahnengruppe siehe Tafel S. 41.

Die Fahnen

Jedes Linien-Bataillon hatte eine *Königsfahne* und eine *Bataillonsfahne*, deren Gestaltung gegenüber den britischen Fahnenmustern einige kleinere Abweichungen zeigten. Die Tuchgröße, Fahnenspitze und Kordeln entsprachen den britischen Vorbildern. Die Stangen waren braun. Bataillonsbezeichnung und Kranz waren auf feines Wachstuch gemalt, welches am äußeren Rand entlang der Kranzmalerei ausgeschnitten und auf das Fahnentuch aufgebracht, offensichtlich geklebt, war.[4]. Die Fahnen sollen folgende Aufschrift gehabt haben:

KINGS
GERMAN LEGION
I[st] bis VIIIth LINE BATTALION

Bei einigen Fahnen hatte der letzte Schriftzug einen goldenen Oberstrich und das Schlußwort war abgekürzt.[4] Die Rosen waren nach v. Brandis so angeordnet, dass *"sie nicht auf gleichfarbigen Untergrund des Schildes oder der Kreuze des Union-Jack kamen"*. Wenn die Beschreibung bei v. Brandis richtig ist - die Fahnen des IV. und VI. Linien-Bataillons zeigen demgegenüber teils abweichende Bemalungen - muß von mindestens drei verschiedenen Varianten der Zentrumsgestaltung ausgegangen werden. Im Gegensatz zur Königsfahne war nach v. Brandis auf

1) v. Poten, S. 24 2) v. Poten, S. 29
3) Schwertfeger Bd. 2, S. 354f
4) v. Reitzenstein/v. Brandis, S. 256 f

Größenangaben siehe im Abschnitt „Britische Armee“, Abb. S. 23

Bataillonsfahne V. Linien-Bataillon. Nach Winand Aerts.

IV. Linien-Bataillon. Königsfahne und Bataillonsfahne nach Fotos der erhaltenen Originale. Dieser Fahnensatz wurde dem Bataillon 1806 verliehen.

VI. Linien-Bataillon. Beide Fahnen verliehen 1803. Nach Fotos der Originale bei Schwertfeger.

Die Königs- und die Bataillonsfahnen von Nr. IV und Nr. VI weisen nicht nur eine verschiedene Gestaltung der Zentrums-Embleme auf. Bei den Schrägkreuzen bestehen ebenso augenfällige Unterschiede. Der Union-Jack auf den Fahnen des IV. Bataillons stellt eine ungewöhnliche Variante hinsichtlich der Anordnung beider Andreaskreuze dar. Hingegen entspricht der Union-Jack auf beiden Fahnen vom Linien-Bataillon Nr. VI exakt dem vorschriftsmäßigen britischen Fahnenmuster!

Das goldgefaßte „Medaillon“ im Zentrum des St. Georgs-Kreuzes der Königsfahne ist eher schwarz als indigoblau. Die Füllfarbe des Medaillons sollte nach Schwertfeger auf der Königsfahne stets Rot, auf der Bataillonsfahne Dunkelblau sein.

Das schwarze Feld korrespondiert mit dem extrem dunklen, beinahe schwarzen Blau der Kragen, Aufschläge und der Schulterklappen, wie sie erhaltene Röcke der KGL aufweisen.

Die Fahnen der Englisch-Deutschen Legion besitzen einen Schlauch („Umschlag“) aus roter Seide, durch den die Stange geführt wird. Auch dem IV. Bataillon war das Motto PENINSULA verliehen worden, auf seinen Fahnen erschien es jedoch nicht!

Die am Halbinselfeldzug beteiligten Truppen der KGL bekamen den Schlachten-Schriftzug PENINSULA verliehen. Das Motto wurde auf die Fahnen nicht gemalt, sondern aufgestickt. Diesen Ehrenschriftzug erhielten die Linien-Bataillone Nr. I, II, IV, V, VI, VII.

Die nachfolgend aufgezählten Fahnen sind nach der Aufstellung bei J. Fastenau um 1900 in Hannover als überlebende Stücke noch erhalten gewesen.

Linien-Bataillon Nr. III: Königsfahne, Nr. IV: Königs- und Bataillonsfahne, Nr. V: Königsfahne, Nr. VI: Königs- und Bataillonsfahne. Nr. VII: Die Königs- und die Bataillonsfahne, Nr. VIII: Königsfahne (Fahnentuch nur noch in geringen Resten an der Stange vorhanden).

Die Königsfahne eines nicht mehr identifizierbaren Bataillons: Eine Stange mit geringen Tuchresten. Fünf Bataillonsfahnen, bestehend lediglich aus Stangen mit Tuchfetzen, die Bataillone sind nicht mehr identifizierbar.

Vom II. Linien-Bataillon war das bei seiner Errichtung erhaltene Fahnenpaar 1807 mit dem Transportschiff Salisbury versunken.

den Bataillonsfahnen die Bataillonsbezeichnung auf das Fahnentuch *gestickt*. Der zuvor auf Wachstuch gemalte Kranz wurde sauber ausgeschnitten und auf die Fahnenseide aufgeklebt. Die Tücher *"mit vergoldeten Nägeln an der linken Seite der Stöcke befestigt"*. Die Wachstuchüberzüge waren blau gestrichen.[4] Hinsichtlich der verschiedenen Gestaltungsvarianten sind sicher auch die Verleihungszeitpunkte der Feldzeichen zu berücksichtigen.

Das erhaltene Fahnenpaar von Linien-Bataillon Nr. VI wurde der Truppe im Jahre 1803 ausgehändigt, Linien-Bataillon Nr. IV hatte seines 1806 bekommen.

Beim II. Linien-Bataillon waren die Fahnen nach dem im November 1807 erfolgten Verlust ersetzt worden.

Kampierflaggen[4] wurden genauso wie bei der britischen Infanterie als Richtungshilfen beim Einnehmen taktischer Aufstellungen und als Markierungen bei der Einrichtung des Feldlagers verwendet. Siehe dazu die näheren Ausführungen auf Seite 24.

IV. Linien-Bataillon

Bei Waterloo wehrte das Bataillon mehrere ab 17[00] auf die Brigade vorgetragene Angriffe erfolgreich ab. Von den während der Schlacht anwesenden sieben Fähnrichen fiel Eduard Theodor von Cronhelm, verwundet wurde Arnold Appuhn.

V. und VIII. Linien-Bataillon

Beide Linien-Bataillone wurden im Einsatz bei Waterloo stark dezimiert und verloren ihre Königsfahnen an den Feind.

Marschall Ney hatte nach 16[00] den Befehl erhalten, mit der gesamten Kavallerie des zweiten und dritten Treffens das anglo-alliierte Zentrum zwischen den Straßen von Nivelles und Quatre Bras zu durchbrechen. Insgesamt 12.000 Reiter, das Kürassierkorps *Milhaud* und die leichte Garde-Kavallerie sowie das Kürassierkorps *Valmy* und die schwere Garde-Kavallerie, wurden in Bewegung gesetzt. Die Angriffe der Kavalleriemassen zogen sich über Stunden hin. Milhauds Kürassieren gelang es, zusammen mit der leichten Garde-Kavallerie, bis in das zweite Treffen der Anglo-Alliierten vorzudringen.

Im Laufe einer gegen 16[00] zusammen mit dem Linien-Bataillon Nr. V bei La Haye Sainte vorgetragenen Attacke wurde das VIII. Linien-Bataillon von Kürassieren zusammengehauen. Das V. Linien-Bataillon vermochte sich zu retten und ging später noch mehrmals wieder vor. Im Laufe seines dritten Angriffes, etwa um 19[00], wird die Truppe schließlich durch französische Kürassiere und berittene Gardejäger fast aufgerieben.

Königsfahnen, Rekonstruktion der Zentrumsmotive
Oben IV. Linien-Bataillon, unten VI. Linien-Bataillon.

"On the 18th June 1815 in the Battle near Waterloo in Flanders, where His Grace the Duke of Wellington gained complete and decisive Victory over Napoléon Bonaparte, The King´s Colour of the 8th Line Battalion King´s German Legion was shot in twain, taken and retaken from the Ennemy. Ensign Moreau, the Bearer of this Colour on that day, was severely wounded. Paris, August 1st 1815."

Inschrift auf dem Silberreifen am Schaft der Fahne des VIII. Linien-Bataillons der Königlich Deutschen Legion.

V. Linien-Bataillon, nach 18[00] Uhr

Das Bataillon bestand zu diesem Zeitpunkt lediglich aus seinen vier Zentrumskompanien, die Flankenkompanien waren detachiert.

Etwa um 18[30] war die Schlüsselstellung La Haye Sainte von den Franzosen eingenommen. Französische Infanterie war unweit des Gehöfts weiter in Richtung auf die anglo-alliierten Stellungen vorgegangen und nahm diese unter Feuer. Die Eroberung des Pachthofes hatte einen neuen Impuls für die gesamte französische Linie östlich der Straße nach Brüssel gegeben.

Es bestand die Gefahr eines Durchbruchs französischer Kräfte bei Mont Saint Jean. Die 95. britischen Scharfschützen waren aus der bei La Haye Sainte liegenden Sandgrube vertrieben worden, ein Bataillon französischer Infanterie hatte statt ihrer dort Stellung bezogen und nahm aus 80 m Entfernung die am Hohlweg stehenden britischen Truppen unter Feuer.

Von Wellington war der Befehl ergangen, die Sandgrube umgehend wieder einzunehmen und das Durchbrechen des alliierten Zentrums zu verhindern. Durch Hecken und über die Ränder des Hohlweges beschossen sich die Gegner.

Oberst v. Omteda erhält durch den Prinzen von Oranien die Ordre, das V. Linien-Bataillon in Linienformation vorzuschicken und die französischen Infanteristen zurückzuwerfen. Das Bataillon hat ohne die detachierten beiden Kompanien noch 15 Offiziere, 14 Sergeanten und 227 Mann. Omteda weist auf die Gefährlichkeit der Ausführung des Befehls ohne jedwede unterstützende Reiterei hin, denn ihm ist bekannt dass bei La Haye Sainte französische Kürassiere in Bereitschaft stehen. Der Prinz beharrt darauf, es handle sich dabei um niederländische Kavallerie.

Das Bataillon wird vorgeschickt, Oberst v. Ompteda zu Pferd setzt sich selbst an dessen Spitze. Die feindlichen Tirailleurs ziehen sich zurück. Plötzlich brechen aus einem Hinterhalt fünf bis sechs Eskadronen französischer Kürassiere hervor und fallen dem Bataillon in Flanke und Rücken. Im Moment der Überraschung können weder Haufen noch gar ein Viereck gebildet werden. Als alliierte Kavallerie zu Hilfe kommt, ist ein Großteil des V. Bataillons bereits zusammengehauen, lediglich sieben Offiziere und 18 Mann kommen unverletzt davon.[4] Vier Offiziere und 130 Mann wurden getötet *"... und eine der beiden Fahnen ging verloren"*.[5]

---

4) Förster, 5. Band, S. 963
5) Schwertfeger Bd. 1 S. 622 und Bd. 2, S. 355

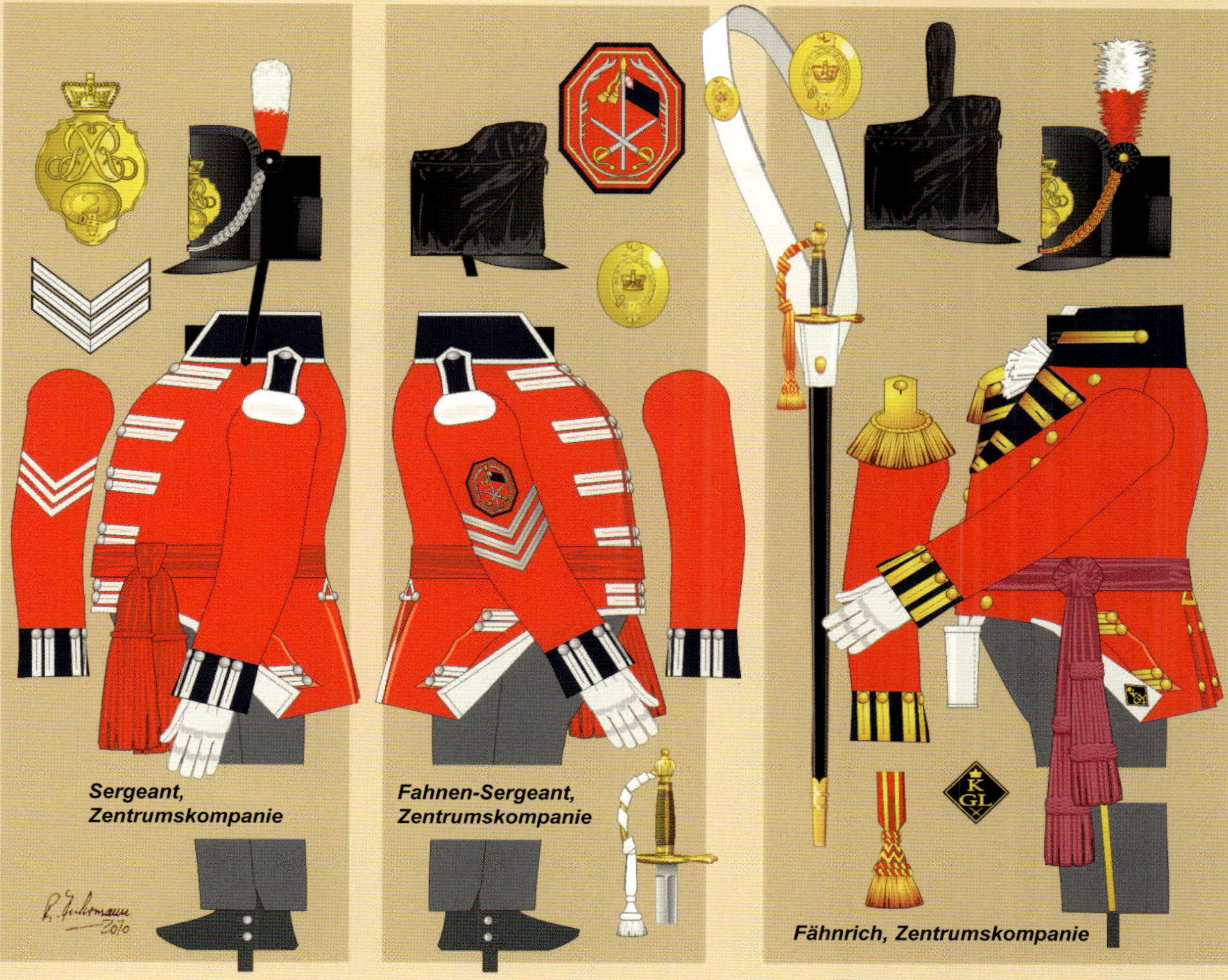

Sergeanten

Sämtliche Linien-Bataillone trugen die gleiche scharlachrote Uniform mit dunkelblauen Kragen und Aufschlägen sowie Zinnknöpfen, langen grauen Hosen, Schnürschuhen mit Gamaschen sowie flach gewölbten Knöpfen. Auf den Beschlagblechen der Tschakos befand sich die Bataillonsnummer. Pro Kompanie gab es fünf Sergeanten, darunter war je ein Fahnen-Sergeant. Die Mannschaftstresse war durchzogen mit einem dunkelblauen Strich, der Tressenbesatz der Sergeanten einschließlich ihrer Winkel dagegen war ganz weiß.

Der Rock eines Colour-Sergeants vom VII. Linien-Bataillon zeigt, dass es in der KGL für diesen Dienstgrad spezielle Abzeichen, mit Winkeln aus Silbertresse, gegeben hat.

Bemerkenswerterweise trägt der Grenadierfeldwebel die Sergeantenwinkel nur auf dem rechten Ärmel, während in den britischen Flankenkompanien die Winkel an beiden Ärmeln angebracht sind. Sergeantenwinkel kamen aus einfacher oder doppelt breit gelegter Tresse vor, wie auf den erhaltenen Sergeantenröcken im Bomann-Museum Celle zu sehen ist.

Die Röcke der Sergeanten waren im Gegensatz zu denen der Gemeinen ganz gefüttert. Die Sergeantenschärpe aus roter, gewirkter Wolle hatte bei den Linien-Bataillonen der KGL keinen Mittelstreifen.

Zur Bewaffnung der Sergeanten in den Zentrums- und Grenadierkompanien gehörte die britische Brown-Bess-Muskete, jene der Schützenzüge waren mit Büchsen ausgestattet. Dazu wurden Patronentasche und Degen, jeweils am Schulterbandelier, getragen. Während des Gefechtes blieb das Bajonett ständig aufgepflanzt.

Fähnriche

Fahnenträger waren die beiden jeweils jüngsten der zum Dienst anwesenden Fähnriche. Der nach v. Brandis weiße lederne Fahnenschuh saß an einem einfachen Gurtkoppel, welches im Gegensatz zu dem mit schweren Zierbeschlägen versehenen Fahnenträgerbandelier der britischen Fahnenträger nicht über, sondern u n t e r dem Rock um den Hals getragen wurde.

Offiziere der KGL hatten karmesinrote Seidenschärpen. Die Besatztressen des Rockes waren analog zur Anordnung der Mannschaftstressen für gewöhnlich in Zweiergruppen arrangiert. Vorschriftsmäßig waren 10 Tressen auf jeder Brustseite, welche auf den Röcken 14jähriger Fähnriche mit entsprechend geringer Körpergröße sicher nicht immer Platz fanden. Die Offiziersknöpfe waren halbkugelförmig mit eingeprägten Legionsabzeichen. Im Feld sollte der Rock ganz bis zum Kragen zugeknöpft sein, dazu gehörte eine graue Hose mit Goldbiesen.

Chappell, Bd.1, S. 44 zeigt das Foto eines schwarz gestrichenen Offiziers-Brotbeutels, welcher durch drei Knöpfe geschlossen wurde (siehe die Fähnrichfiguren auf Tafel S. 41). Das Tschakoblech wie die Mannschaften, jedoch vergoldet.

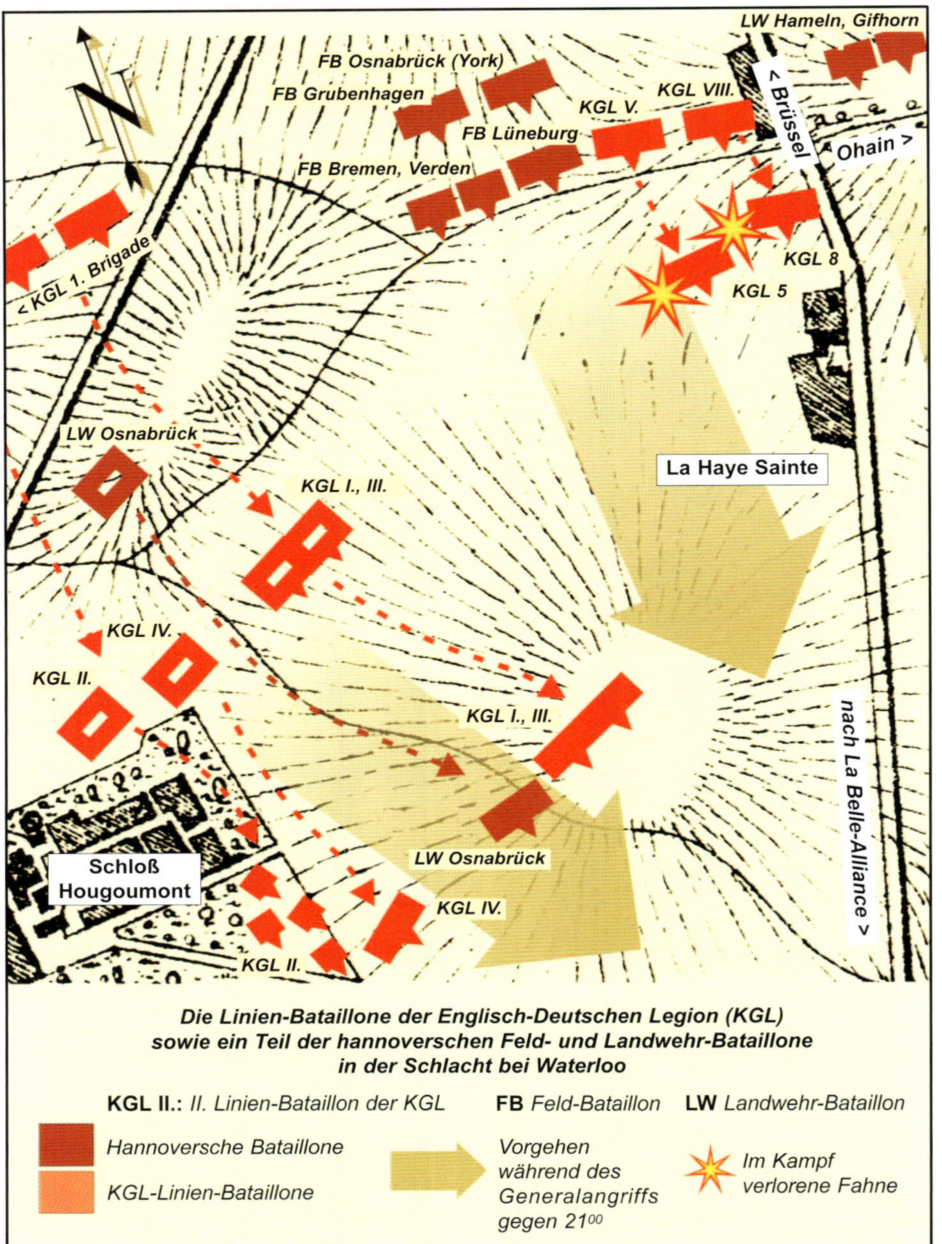

Die Linien-Bataillone der Englisch-Deutschen Legion (KGL) sowie ein Teil der hannoverschen Feld- und Landwehr-Bataillone in der Schlacht bei Waterloo

Etwa 20-30 Mann mit einigen Offizieren unter Oberst von Linsingen können sich im nahegelegenen Hohlweg sammeln. Eine dort aufgestellte Schützenabteilung hindert die sie verfolgenden Kürassiere daran, nun auch dort einzubrechen. Unter den Geretteten sind die beiden Neffen des beim Angriff gefallenen Obersten: Der 16-jährige Christian Ludwig von Omteda und der gerade 14-jährige Ludwig Albrecht von Ompteda. Beide Fähnriche gehörten eigentlich dem VI. Linien-Bataillon an, taten jedoch Dienst im Bataillon Nr. V.[6]

Christian Ludwig von Omteda hatte sein Offizierspatent als Angehöriger des VI. Linien-Bataillons 1812 erhalten und war bereits 1814 mit der KGL in den Niederlanden gewesen. Nach Auflösung der Legion wurde er in hannoverschen Dienst übernommen und starb als Oberst a.D. 1872 in Hannover. Albrecht von Omteda hatte sein Fähnrichspatent 1814 erhalten und war im gleichen Jahr ebenfalls Teilnehmer am Niederlande-Feldzug. Er wurde in hannoversche Dienste übernommen und verstarb 1860 als Major a.D. in Lüneburg. Zu den Fähnrichen des Bataillons zählte u. a. Ferdinand Scharnhorst, welcher 1813 sein Patent erhalten hatte und später als Hauptmann in der hannoverschen Armee diente. Er starb 1893 im Alter von 95 Jahren in der Nähe von Göttingen als letzter der Legionsoffiziere[7].

VIII. Linien-Bataillon, 16⁰⁰ Uhr

Nachdem die Scheune des von Hannoveranern und Nassauern erbittert verteidigten Pachthofes La Haye Sainte Feuer gefangen hatte, gehen französische Kräfte erneut, von der Westseite der Scheune her und vom Garten kommend, gegen den Gebäudekomplex vor.

Die beiden Linien-Bataillone Nr. V und Nr. VIII von der unweit stehenden Brigade Omptеda formieren sich zur Linie und setzen sich über den Hohlweg hinweg im Sturmschritt gegen die Angreifer in Bewegung. Das VIII. Bataillon vorweg, wirft die Franzosen mit dem Bajonett zurück.

Aufgrund der stark eingeschränkten Sichtverhältnisse für beide Seiten ganz unerwartet, stößt jetzt eine Abteilung aus französischen Kürassieren zusammen mit Chasseurs à cheval de la Garde auf die rechte Flanke der beiden avancierenden Bataillone.

Die Reiter sind Teile jener Kavallerie, welche soeben noch ohne Erfolg die Karrees der hannoverschen Brigade Kielmannsegge attakiert hatte.

Das V. Linien-Bataillon aber, auf welches die französischen den, auch kommen ihm zurückgefallene Reiter von Somersets schwerer Reiterei rechtzeitig zu Hilfe. Über das völlig überraschte, bereits weiter vorn befindliche VIII. Linien-Bataillon aber machen sich die Gardechasseurs[8] her und reiben dessen rechten Flügel komplett auf.

Dabei gelingt es den Gardejägern, die Königsfahne zu erbeuten und fortzutragen (siehe nebenstehende Tafel). Sie geht diesen aber offenbar später wieder verloren, denn *"wenige Tage nach der Schlacht wurde sie dem Bataillon durch einen hannoverschen Reiter wieder zugestellt."*[9]

Die Reste des Bataillons fluten in der größten Verwirrung hinter den Hohlweg zurück. Das Bataillon ist derartig zugerichtet, dass es nicht wieder vorgebracht werden darf, sondern den Rest des Tages über im Karree stehen bleibt. Lediglich 30 Mann

6) Schwertfeger Bd. 1, S. 622
7) v. Poten, S. 60
8) Schwertfeger Bd. 1, S. 616
9) Sichart, S. 356

Rittmeister Klein von Kleinenburg vom Regiment Chasseurs à Cheval de la Garde entreisst im Laufe eines Angriffs gegen 16⁰⁰ dem Fähnrich des VIII. Linien-Bataillon der KGL die Königsfahne.

Fähnrich de Moreau, die Königsfahne verteidigend, wird, durch drei Hiebe schwer verwundet, niedergehauen. Sergeant Stuart, welcher die Fahne ergreift, ergeht es ebenso. Der französische Rittmeister *Klein von Kleinenburg* gelangt in den Besitz der Fahne, jedoch wird sein Pferd dabei getötet, er selbst fällt kurz darauf (nach Schwertfeger).

Fähnrich *Wilhelm de Moreau,* welcher sein Offizierspatent 1812 erhalten hatte, überlebte die schweren Verletzungen und starb 1832 als hannoverscher Titular-Kapitän a. D.

sollen unverwundet geblieben sein. Die Fahne erhielt während des Aufenthalts der Truppe in Paris im August 1815 einen silbernen Schaftring mit eingraviertem Text, der an ihren Verlust bei Waterloo und ihr Wiedererlangen erinnerte.[11]

VI. und VII. Linien-Bataillon

Beide Linien-Bataillone waren 1815 am Mittelmeer verblieben und deshalb bei Waterloo nicht im Einsatz.

Nach der Schlacht

Nach ihrer Entlassung aus der Legion bezogen die Offiziere eine als *Halbsold (half-pay)* bezeichnete Altersversorgung, welche etwas mehr als die Hälfte ihrer ursprünglichen Bezüge ausmachte.

Für Sergeanten war lediglich bei im Dienst zugezogener Invalidität eine kleine Rente vorgesehen.

Alle diejenigen, welche bei Waterloo im Kampfeinsatz waren, erhielten die englische *Waterloo-Medaille*, durften sich "Waterloo-Männer" nennen und bekamen zwei zusätzliche Jahre auf ihre Dienstzeit angerechnet. Allen wurde außerdem ein Anteil an der am 18. Juni gemachten Gesamtbeute ausgezahlt. Dieser betrug für den Fähnrich 29 Pfund und fünf Schilling, für Sergeanten 16 Pfund vier Schilling. Bei Gefallenen erhielten die Hinterbliebenen den Betrag.

Das Schicksal der Fahnen nach 1815

Nach Auflösung der KGL wurden die Besitzrechte an den 31 Feldzeichen der Legion an deren Oberkommandierenden, Adolph Friedrich zu Braunschweig-Lüneburg, Herzog von Cambridge und Generalgouverneur von Hannover, übereignet.[12]

Ende Februar 1816 wurden die Fahnen von acht Bataillonen durch eine Abordnung unter Führung von Oberstleutnant Georg Baring in der Garnisonskirche zu Hannover niedergelegt.[13]

1938 gelangten sie, zusammen mit mehreren anderen aus dem Zeitraum von 1813-1816 stammenden hannoverschen Feldzeichen, in das *Landesgeschichtliche Museum* (heute *Historisches Museum am Hohen Ufer*).[13] Dort waren die Bataillonsfahne und die Königsfahne des IV. Linien-Bataillons bis 2004 frei hängend zu besichtigen.

Im Oktober 2005 versteigerte das Königshaus von Hannover eine große Anzahl von Objekten aus dem welfischem Familienbesitz, worunter sich auch mehrere der 1816 in den Besitz des Herzogs von Cambridge übergegangenen Feldzeichen befanden.

Rechter Ärmel, am Rock eines Fahnensergeanten, VII. Linien-Bataillon KGL
[Bomann-Museum, Celle] Foto Markus Stein.

Bandelier und Sergeantenschärpe
Foto Rolf Fuhrmann. [Bomann-Museum, Celle]

Aufstellung der Fahnengruppe

In der feuernden oder haltenden Bataillons-Linie.

Nach dem vom britischen Kriegsministerium herausgegebenen Handbuch (Manual) „Rules and Regulations for the Formations, Field-Exercise, and Movements, of His Majesty´s Forces" besteht die Fahnengruppe aus beiden Ensigns und vier Sergeanten.

Da das 1815 verwendete Manual vor Einführung des Fahnen-Feldwebel-Dienstgrades entstanden war, wird dieser darin nicht berücksichtigt. Die Fahnenbegleiter sollten jedoch möglichst stets Colour-Sergeants sein (siehe Ausführungen S. 26)

Schütz v. Brandis erwähnt, dass zwischen beiden Fahnenträgern anstelle eines Sergeanten der Sergeantmajor stehen konnte (Abb.A).

Abb.B: Direkt links neben der Fahnengruppe schließen nach dem Manual des Kriegsministeriums ein Offizier und ein Sergeant der Nachbarkompanie an. Bei dem Manual von Dundas gibt es keinen Sergeanten hinter der Fahnengruppe.

Abb.C: Die Variante eines weiteren Manuals.

Während des Feuerns konnte den jeweils links und rechts von der Fahnenabteilung anschließenden beiden Rotten befohlen werden, das Gewehr bei Fuß zu behalten. Diese acht Mann waren dann im Falle eines direkten Angriffs auf die Fahnengruppe stets schussbereit.

Beim Vorrücken in Linie

Abb.B1: Wurde der Befehl zum Vorrücken in Linie gegeben, traten der zwischen den Fahnenträgern stehende Sergeant und die beiden hinter jenem befindlichen Sergeanten neun Schritt als Vormarschierende zum Anzeigen der Avancierrichtung vor.

Der hinter der Fahnensektion stehende Sergeant nahm nun den Platz zwischen beiden Fahnenträgern ein, diese blieben im Gliede stehen (B2).

Der beim Vorgehen zwischen die Fahnenträger nachrückende Mann

Abb. B1, B2: Der nachrückende Mann kann ein namentlich dazu befohlener Sergeant oder ein Offizier (Abb.C) aus dem Reihenschließer-Glied sein. Diese „Reihenschließer" (Sergeanten und Offiziere) stehen drei Schritt hinter dem zweiten Glied. Waren genügend Sergeanten vorhanden, konnte bei Bedarf die Anzahl der Fahnenbegleiter erhöht werden.

Ensign-Figuren: *Die Darstellung zeigt eine vorschriftsmäßige Haltung: Die Linke hält die Fahnenstange oberhalb des Schuhs, die Rechte ist parallel zur Stange hochgewinkelt.*

11) Hannoversche Geschichtsblätter. S. 33
12) Rosendahl
13) v. Poten S. 55

Die Fahnensektion

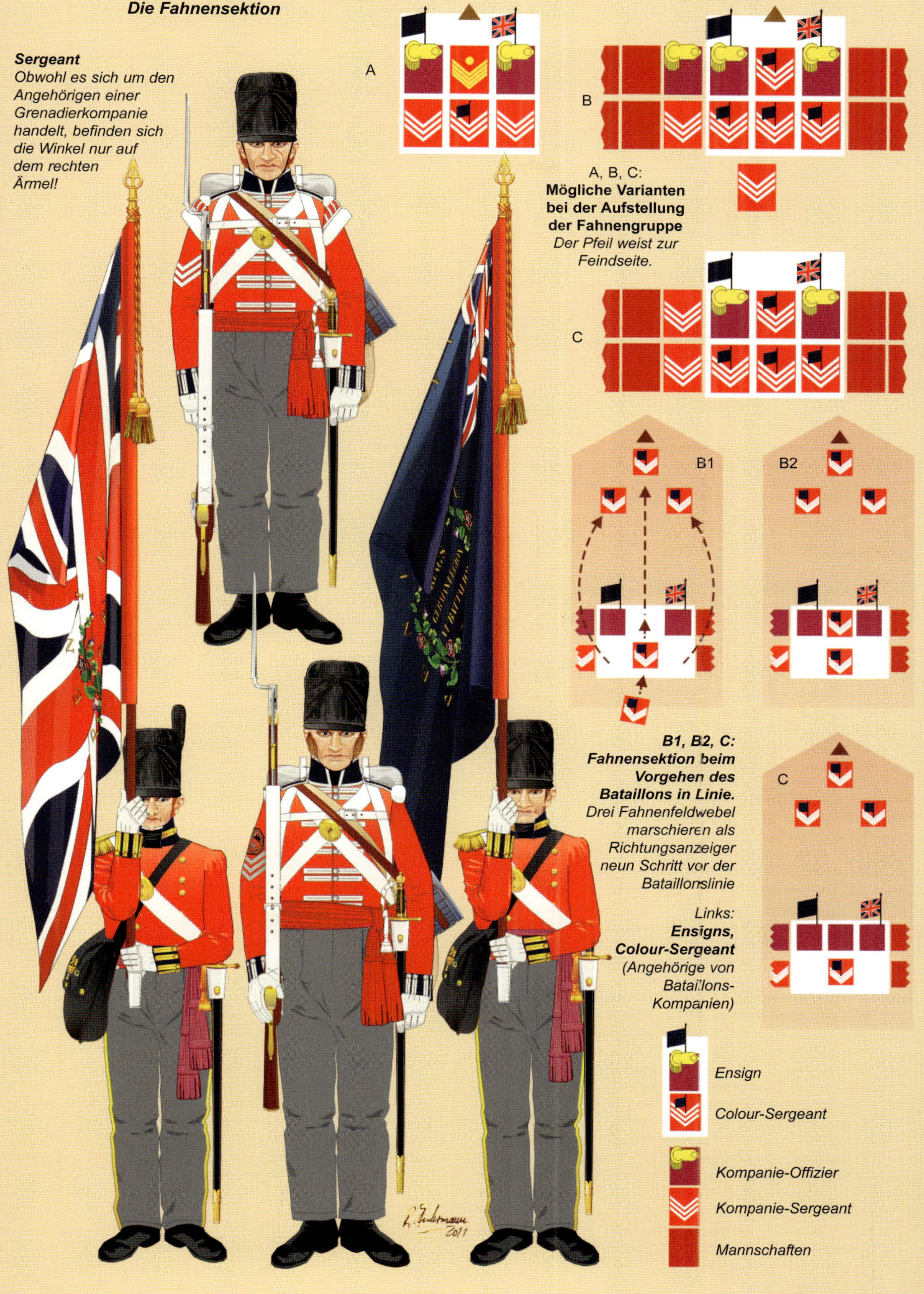

Sergeant
Obwohl es sich um den Angehörigen einer Grenadierkompanie handelt, befinden sich die Winkel nur auf dem rechten Ärmel!

A, B, C:
Mögliche Varianten bei der Aufstellung der Fahnengruppe
Der Pfeil weist zur Feindseite.

B1, B2, C: Fahnensektion beim Vorgehen des Bataillons in Linie.
Drei Fahnenfeldwebel marschieren als Richtungsanzeiger neun Schritt vor der Bataillonslinie

Links:
Ensigns, Colour-Sergeant
(Angehörige von Bataillons-Kompanien)

Ensign
Colour-Sergeant
Kompanie-Offizier
Kompanie-Sergeant
Mannschaften

DIE KÖNIGLICH HANNOVERSCHE ARMEE

1813 war im teilweise noch französisch besetzten Kurfürstentum Hannover unter englischer Regie mit der Errichtung einer neuen hannoverschen Armee begonnen worden. Diese Truppen wurden als englische angesehen, welche für Deutschland dienten und wurden nach den Normen der Englisch-Deutschen Legion organisiert. Auch für die Bekleidung der hannoverschen Truppen war diejenige der Legion maßgebend. Zu Beginn des Jahres 1814 wurde die im Jahr zuvor noch englisch-hannoversche Armee ganz der Hoheit des Kurfürstentums, seit Oktober des nunmehrigen Königreichs Hannover, unterstellt.[1]

1813/14 wurden mehrere Feld-Bataillone sowie 30 Bataillone Landwehr neu errichtet. Bei der 1815 unerwartet eingetretenen Mobilmachung, zu der die Hannoveraner als Subsidienkontingent der englischen Armee dienten, konnten die neu aufgestellten Einheiten bei weitem nicht auf den vorgesehenen Personalstand gebracht werden.

Die Feld-Bataillone bestanden aus Angeworbenen - zumeist Nicht-Hannoveranern - die im Januar 1814 aufgestellte Landwehr aus Dienstpflichtigen. Ein jedes Bataillon hatte vier Kompanien zu je 150 Mann. Jeweils ein Feldbataillon und drei Landwehrbataillone wurden zu einem Regiment kombiniert. Die Regimentsbezeichnung orientierte sich dabei an dem Namen des jeweiligen Feldbataillons. So war das Regiment Lüneburg zusammengestellt aus dem *Feldbataillon Lüneburg* und den *Landwehrbataillonen Lüneburg, Celle und Gifhorn*.

Die Fahnen

Zumindest von einigen der im Feldzug 1815 eingesetzten hannoverschen Feld- und Landwehr-Bataillone weiß man, dass sie bei ihrer Errichtung 1813 eine Fahne erhalten hatten. Inwieweit diese Truppen bei Waterloo ihre Feldzeichen führten, bleibt jedoch ungewiß. Selbst in den detaillierten Einsatzbeschreibungen, welche die Truppenoffiziere aller an der Schlacht beteiligter Feld- und Landwehr-Bataillone vom Verlauf des 18. Juni ablieferten (u.a. nachzulesen bei Pflugk-Harttung: *Belle-Alliance, Verbündetes Heer*), wird in keinem einzigen Fall etwa das Vorhandensein einer Fahne erwähnt. Von französischer Seite wird unter den im Laufe des 18. Juni eingebrachten Trophäen eine Fahne des Landwehr-Bataillon Lüneburg aufgezählt. Dieses Bataillon befand sich in der 4. hannoverschen Brigade (Oberst Best) zusammen mit den drei Landwehr-Bataillonen Verden, Osterode und Minden. Darüber hinaus gehende Informationen zu einer Fahne der Lüneburger Landwehr sind dem Autor nicht bekannt

Mit den Feldzeichen der Englisch-Deutschen Legion, welche 1816 in der Garnisonskirche der Stadt Hannover niedergelegt worden waren (siehe S. 40), hatte man auch mehrere Fahnen hannoverscher Truppenteile dort deponiert. Als die Feldzeichen 1867 in die Marktkirche und von dort in das Rathaus der Stadt überwechselten, fertigte der Hauptmann Schütz von Brandis eine Bestandsaufnahme mit Zeichnungen und Beschreibungen der einzelnen Exemplare an. In der Zeitspanne bis zum Zweiten Weltkrieg wechselten die zwischenzeitlich in Berlin restaurierten Feldzeichen noch mehrmals den Aufenthaltsort. Es erfolgten während dieser Zeit weitere Begutachtungen von verschiedenen Experten, u.a. durch Neubecker. Die dennoch sehr lükkenhaft gebliebenen Beschreibungen sind auf den teilweise sehr schlechten Erhaltungszustand der Fahnen zurückzuführen und werfen indes mehr Fragen auf, als sie beantworten.

Die Feldzeichen jener Truppenteile, zu welchen umfassendere Angaben vorliegen, folgen keinem einheitlichen Muster. Es handelt sich vielmehr um individuell angefertigte Einzelstücke, offenbar überwiegend Stiftungen patriotisch gesinnter Bürgerkreise. Danach scheinen bei jeder der Fahnen beide Seiten des Tuchs unterschiedliche Embleme gehabt zu haben.

Die Landwehr-Bataillone Gifhorn und Osnabrück

Das Landwehr-Bataillon Gifhorn zeichnete sich bei Waterloo besonders aus. Es gehörte zur 5. hannoverschen Brigade (v. Vincke) in der 5. Division (Picton). Zu Beginn der Schlacht stand es am linken Flügel der anglo-alliierten Linie. Im Laufe des Tages wurde es an die Straße nach Charleroi vorgezogen. Beim letzten französischen Angriff auf das gegnerische Zentrum rückten die Gifhorner zusammen mit dem Landwehr-Bataillon Hameln bis auf den Höhenkamm vor, wo die Leute in Linie deployierten und auf die anrückende französische Infanterie feuerten.

"An der Entscheidungsschlacht bei Waterloo hat wahrscheinlich auch die Fahne des Landwehr-Bataillons Gifhorn teilgenommen, [...] Auf der stark zerschossenen Fahne ist nur noch das groß ausgeführte, zum fliegenden Ende sehende Sachsenroß unter einem Eichbaum zu erkennen".[3] Zweifel daran, ob die Fahne tatsächlich 1815 schon geführt wurde, rühren von ihrer Spitze her, in welcher sich klein eingraviert die Jahreszahl *"1816"* findet. Denkbar wäre jedoch, dass in jenem Jahr lediglich eine neue Fahnenspitze angebracht wurde, denn 1816 erfolgten Umformationen bei den Fußtruppen. Das Gifhorner Landwehr-Bataillon wurde seitdem zusammen mit den Landwehr-Bataillonen Celle und Uelzen zum 4. Linien-Bataillon verschmolzen. 1820 wurde es ganz aufgelöst.

Keith Over gibt - ohne seine Quelle zu nennen - zum gelben, mit Fransen eingefassten Tuch das Format *„100cm by 180cm"* an. Diese Größe erscheint wegen der extremen Breite und der geringen Höhe des Tuchs völlig unrealistisch. Vielleicht sollte es 180 x 180cm heißen. Im Zentrum *„eine Eiche, davor in Silber ein gekröntes, springendes Pferd von Hannover, zum fliegenden Ende des Tuchs sehend"*. Darunter eine Beschriftung, wovon lediglich als letztes Wort erkennbar *"Gifhorn"*. Stange blau, Kordeln und Quasten gelb. Welche Seite der Fahne dies war, ob beide Seiten das gleiche Motiv trugen, bleibt unklar.

Das Landwehr-Bataillon Osnabrück stand bei Waterloo in der 3. hannoversche Brigade (Hugh Halkett) zusammen mit den Landwehr-Bataillonen Bremervörde, Salzgitter und Quakenbrück. Das Bataillon erhielt 1816 eine Fahne, welche, *"um das Bataillon besonders zu ehren"* nach der Schlacht *"in Osnabrück von den Frauen der Stadt"* angefertigt wurde. Sie trug auf blauem, von Eichen und Lorbeeren umwundenem Bande die Inschriften *"Bey Waterloo am 15. Juni 1815"* und *"Den vaterländischen Kriegern Osnabrücks dankbare Bürger"*.[3]

Die Feldbataillone Lauenburg und Calenberg

Diese Bataillone befanden sich am 18. Juni in Positionen außerhalb des Gefechtsfeldes. Dem Feldbataillon Lauenburg wurden bei seiner Errichtung 1813 zwei Fahnen *"von Ratzeburger Damen gestickt und geschenkt"*, von denen eine später in der alten Garnisonskirche zu Hannover aufbewahrt war und 1913 sich im Zeughaus befand.[4]

Das Feldbataillon Calenberg besaß eine Fahne aus dem Zeitraum 1813-15, welche *"bei Waterloo"* geführt worden sein soll.[5] *"Fahnentuch aus weißem Seidenstoff. Auf der einen Seite in einem Eichenkranze die Inschrift "Zieht aus zum edlen Kampf A° 1813". Auf der anderen Seite, ebenfalls in einem Eichenkranze, die Inschrift "Kehrt heim mit Sieg gekrönt". In die vier Ecken beider Seiten sind Sonnenstrahlen eingestickt. Die Fahnenspitze zeigt den gekrönten Namenszug GR".*[6]

Diese Fahne war nach Auflösung der Truppe in der alten Garnisonskirche zu Hannover aufbewahrt und teilte das bereits beschriebene Schicksal der Feldzeichen von der KGL.

1) Udo Vollmer S. 21 *2) Sichart S. 89*
3) Dr. W. Peßler *.4) Benno Bode, S. 27....*
5) Hann. Geschichtsblätter S. 33

Landwehr-Bataillon Gifhorn. Fahnensektion

Dem Vorbild der KGL zufolge läßt sich darauf schließen, dass der Träger einer ggfs. vorhandenen Fahne ein Ensign in Begleitung von Sergeanten gewesen ist. Fähnriche gab es auch in den Landwehr-Kompanien.

Dass bei der Landwehr, die vorschriftsmäßig nicht mit Fahnen versehen war, der Dienstgrad eines Colour-Sergeants existierte, ist nicht gewiss.
Unten: Die Silhouette gibt das Fahnentuch nach den bei Keith Over angegebenen Maßen wieder.

Sergeant, Zentrumskompanie

Fähnrich

Im Gegensatz zu den recht individuell uniformierten Feld-Bataillonen entsprach die Bekleidung der Landwehr weitgehend einem einheitlichen Muster. Das Landwehr-Reglement sah die hier dargestellte Uniform mit dunkelblauen Abzeichen und weißem Lederzeug für alle Bataillone vor.
Die Mannschaften trugen als Kopfbedeckung den konischen Tschako. Das von Friedrich Hermann beschriebene Exemplar eines solchen Tschakos vom Landwehr-Bataillon Osterode ist mit 20cm Höhe relativ niedrig.
Eine Ausnahme von der Uniformierungsnorm bildeten die Bataillone Hildesheim und Peine, welche hellgelbe Kragen und Aufschläge hatten. Anstelle des konischen Tschakos trugen sie dazu das gleiche Modell vom "belgischen" oder "Waterloo"-Typ wie die Linien-Bataillone der KGL. Auch das Landwehr-Bataillon Quakenbrück trug "belgische" Tschakos, das Lederzeug war hier schwarz.
Als Vorbild für den dargestellten Rock des Fähnrichs diente ein Offiziersrock aus dem Landwehr-Bataillon Verden im Bomann-Museum Celle. Sergeanten und Offiziere trugen die gelbe Schärpe des Königreichs Hannover
Wienand Aerts zeigt als Tschakodekoration bei seinen Landwehr-Offizieren sowohl das Blechschild als auch ein durchbrochen gearbeitetes silbernes GR.
Die Bewaffnung der Landwehr bestand nach Udo Vollmer vorwiegend aus französischen Gribeauval-Gewehren 1777.

DIE HERZOGLICH NASSAUISCHE ARMEE

Das Herzogtum Nassau war erst 1806 auf das Betreiben Napoleons aus zahlreichen kleineren Territorien als neues Staatengebilde zusammengefasst worden. Die Vettern Fürst Friedrich August von Nassau-Usingen und Fürst Friedrich Wilhelm von Nassau-Weilburg regierten das Herzogtum gemeinsam, wobei als Älterer der beiden Friedrich August den Herzogstitel trug. Im Mai 1815 wurde das Herzogtum um einen Teil des Gebietes der nassau-oranischen Linie erweitert, welche gerade die Königskrone der Niederlande erhalten hatte (der das niederländische Korps kommandierende Prinz von Oranien-Nassau erhielt damit als Wilhelm I. den Titel des König der Niederlande).

Als Teile der von 1806-10 existierenden Rheinbund-Brigade nahmen die beiden nassauischen Regimenter der Linien-Infanterie 1806/07 und 1809 an Feldzügen der napoleonischen Armee in Deutschland teil, danach waren sie im Spanienfeldzug eingesetzt. Als die Herrschaft des französischen Kaisers 1813 in Deutschland gebrochen war, erklärten Herzog Friedrich August und Fürst Friedrich Wilhelm zu Nassau ihren Beitritt zum Bund gegen Frankreich. Sie befahlen ihren in Spanien stehenden Truppen den Übergang zu den Engländern, was dem 2. Regiment glückte, Ende 1813 kehrte es zurück in die Heimat. Das 1. Regiment indes wurde von französischer Seite bis 1814 gefangengesetzt.

1813 erfolgte die Aufstellung eines neuen 1. sowie eines dritten Infanterie-Regiments, eines Landwehr-Regiments sowie eines Jäger-Korps. Innerhalb der Landesgrenzen wurde der Landsturm aufgeboten. Nach dem Feldzug 1814 wurde die Landwehr zur Auffüllung der Linien-Regimenter verwendet.

Die Nassauische Brigade, bestehend aus dem herzoglichen Infanterie-Regimentern Nr. 1 und dem Regiment "Nassau-Oranien", wurde bei Quatre Bras und Waterloo nicht als gemeinsames Korps eingesetzt.

Das 1. Regiment war innerhalb von nur sechs Wochen organisiert und ausgebildet und erst am 21. Mai nach Belgien in Marsch gesetzt worden. Es sollte zunächst der preußischen Armee am Niederrhein zugeteilt werden, wurde dann aber zur englisch-niederländischen Armee beordert. Dort sollte es zum 2. herzoglichen Regiment stoßen, welches seit 1814 in niederländischem Sold stand, um mit diesem unter General von Kruse die nassauische Brigade zu bilden. Doch teilte man es dann für sich allein der britischen Reserve zu.

Das 2. Linien-Infanterie-Regiment bildete innnerhalb der königlich Niederländischen 2. Division Perponcher zusammen mit dem Regiment *Oranien-Nassau* die 2. Brigade (Generalmajor Prinz Bernhard von Sachsen-Weimar). Dass die Truppe auch als *2. Nassauisches Leichtes Regiment* bezeichnet wurde, rührt wohl daher, dass ab 1815 die Angehörigen der Zentrumskompanien der nassauischen Infanterie nicht mehr als Füsiliere, sondern als Jäger bezeichnet wurden.

Das 1. und 2. Regiment bestanden jedes aus drei Bataillonen zu jeweils sechs Kompanien (eine Grenadier-, vier Jäger-, eine Flanquer-Kompanie). Beim 1. Regiment war das III. Bataillon aus Landwehr gebildet worden. Das Regiment hatte 3045 Mann aller Dienstgrade. Die drei Bataillone - jedes 18 Offiziere sowie

Das gestickte Zentrumsmotiv aus der Fahne vom III. (Landwehr-)Bataillon des 1. Linien-Regiments

Die Fahne wurde im Feldzug 1815 geführt und ging während der Schlacht bei Waterloo an die Franzosen verloren. Das Motiv ist auf das Fahnentuch gestickt. Die Goldfäden von Löwe und Krone sind durch athmosphärische Einflüsse im Laufe der Zeit geschwärzt. Im Museum Wiesbaden dagegen existiert lediglich eine Replik dieser Fahne.

[Leger- en Wapenmuseum Delft] Foto: M. Gärtner.

960 Unteroffiziere und Soldaten stark - erreichten das Schlachtfeld von Quatre Bras erst nach dem Ende der Gefechtstätigkeit. Das 2. Regiment hatte pro Bataillon 24 Offiziere sowie 900 Unteroffiziere und Soldaten, das ganze Regiment zusammen war 2827 Mann stark.

Als weitere aus Nassauern bestehende Einheit nahm das Regiment *Oranien-Nassau* am Feldzug von 1815 teil. Es wurde 1814 als niederländische Hilfstruppe dem Oberfehl des Königs der Niederlande unterstellt und setzte sich aus zwei Bataillonen nebst einer Kompanie freiwilliger Jäger zusammen. Nach seinem Übertritt in die niederländisch-belgische Armee, wo es unter der Nr. 28 rangierte, hatte es abgesehen von den nassauisch uniformierten Jägern, Monturen nach niederländischem Muster bekommen.

Die Nassauischen Regimenter kämpften nach Art der Franzosen in der drei Mann tiefen Linie.

Die Fahnen

Nach Rößler hatte jedes der vier Infanterie-Bataillone bei seiner Errichtung eine Fahne *"von hellgelbem Seidenstoff, in dessen Mitte das Herzogliche Wappen in blauer Seide, mit einer Einfassung von Laubwerk umgeben"* platziert war. Die gestickten Wappenmotive auf den Fahnentüchern hatten die Fürstin

Fahnen der Herzoglich Nassauischen Linien-Infanterie-Regimenter Nr. 1 und Nr. 2, sowie Fahnenträger und Corporale.
Nebenstehende Bildtafel (jeweils von links nach rechts).

Fahnenspitzen und Zentrumsmotiv
1: Die Spitzen vom II. Bataillon des 1. Regiments, sowie vom I. Bataillon des 2. Regiments, und vom II. Bataillon des 2. Regiments. Die Spitzen waren vergoldet, daran goldene Kordeln und Quasten. Vorlage für das gestickte Kreismotiv war das Emblem auf der in Delft erhaltenen Originalfahne.

Fahne des III. Bataillons vom 1. Regiment
2: Gut zu erkennen ist, das das Fahnenblatt lediglich auf einer Seite an der Stange angeschlagen war. Größe des Fahnentuchs 140 x 120 cm. Höhe der Fahnenstange etwa 3 m, vergoldete Nägel. Die Fahnen waren "von hellgelbem Seidenstoff".[3]

Fahnenträger
3: Grenadier-Feldwebel mit den Resten der Fahne vom I. Bataillon des 2. Regiments.

4: Grenadier-Sergeant mit der Fahne vom II. Bataillon des 2. Regiments.

5: Grenadier-Sergeant mit der Fahne vom III. (Landwehr-) Bataillon des 1. Regiments.

6: Fourier, 4. Zentrumskompanie des 2. Regiments.

7: Corporal, 3. Zentrumskompanie des 2. Regiments.

Fahnen und Fahnensektion
1
2
3
4
5
6
7
3 feet
1m
0
0

und die Prinzessin Friederike mit den Damen ihres Gefolges selbst angefertigt. Betreffs der 1815 geführten Fahnen heißt es ebenda *"Die Fahnen, deren jedes Bataillon eine hatte [...] von hellgelbem Seidenstoff, in der Mitte das in blauer Seide gestickte herzogliche Wappen"*.

Ruhl-Fahnentafel Nr. 62 (1968 bearbeitet von Peter Wacker) zeigt die Fahnenmuster der Linien-Regimenter in ihrem Erhaltungszustand. Sie wurden in der nassauischen Armee noch bis 1866 getragen. Peter Wacker († 2003) hatte in Wiesbaden intensiv über die Armee des Herzogtums Nassau geforscht. Eine seiner zahlreichen Zeichnungen, entstanden 1954, zeigt den Zustand der Feldzeichen nach 1815 und diente dem Verfasser als weitere Vorlage für die zu diesem Band angefertigten Grafiken.

Das 2. Regiment war von den Engländern aus Spanien zusammen mit seinen beiden durch die Kampfhandlungen des Halbinsel-Feldzuges stark beschädigten Fahnen in die Heimat zurückgeschickt worden. Nach der Schlacht bei *Medellin* 1809 war der Fahne des I. Bataillions die goldene Tapferkeitsmedaille verliehen worden. Rößler: *Ebenfalls im Spanienfeldzug, bei Mesa de Ibor 1809, fielen fünf Fahnenträger vom II. Bataillon des 2. Regiments. Die Fahne wurde daraufhin stellvertretend für jene mit der goldenen Tapferkeitsmedaille ausgezeichnet"*.[2] Die Medaillen wurden unterhalb der Fahnenspitzen befestigt. Auch im Feldzug 1815 trug das 2. Regiment weiterhin seine alten Feldzeichen, welche lediglich noch aus den Stangen mit einigen daranhängenden Fetzenresten bestanden. Bei der Stange des I. Bataillons war die Spitze bereits weitgehend abgeschossen, die Spitze an der Stange des II. war gleichfalls beschädigt. Als Auszeichnung für den Spanienfeldzug verliehene blaue Fahnenbänder scheinen aus der Zeit nach 1815 zu stammen.

Ob auch die beiden Bataillone des niederländischen Regiments Oranien-Nassau mit dem beschriebenen gelben nassauischen Fahnenmuster ausmarschiert waren, ist dem Autor nicht bekannt.

Fahnenträger

Die Bezeichnung für den Träger der Bataillonsfahne war schlicht *"Fahnenträger"*. Die Fahnenträger kamen stets aus der Grenadierkompanie, jeweils drei standen beim Bataillonsstab und hatten den Dienstgrad eines Sergeanten, eher ausnahmsweise wohl auch einmal den eines Feldwebels. Korporale waren vermutlich die Fahnenbegleiter. Die in den nassauischen Militärlisten aufgeführten Unteroffiziersdienstgrade sind *„Feldwebel", „Sergeant", „Corporal"*. Jede Kompanie hatte laut Vorschrift einen Feldwebel, fünf Sergeanten und acht Korporale. Die näheren Beschreibungen zu Fahnenträgern und Unteroffiziersdienstgraden sowie deren Uniformierung stützen sich wesentlich auf Bearbeitungen von Peter Wacker und Markus Gärtner.

Waterloo, 1. Regiment

Das 1. Regiment stand bei Waterloo während der ganzen Dauer der Schlacht im Zentrum der anglo-alliierten Verteidigungslinie, auf dem Plateau hinter der Nordseite der Straße Braine l´Alleud - Ohain, westlicherseits der Allee nach Brüssel. An der linken Flanke der Nassauer schlossen Braunschweiger-Bataillone, neben diesen die hannoverschen Feldbataillone Bremen und Verden der Brigade *Kielmannsegge* an (siehe Karte im Abschnitt über die Herzoglich Braunschweigische Armee S. 54). An der rechten Flanke der Nassauer standen die britischen Bataillone des 69th und des 33rd Regiment of Foot.

Das I. Bataillon stand in erster Linie, das II. Bataillon sowie das Landwehr-Bataillon dahinter. Zwei Flanquer-Kompanien hatte man zur Unterstützung der Verteidiger des Gehöftes La Haye

Die Fahnensektion der Herzoglich Nassauischen Linien-Infanterie-Regimenter Nr. 1 und Nr. 2.

Nebenstehende Bildtafel (jeweils von links nach rechts).

1. Regiment ("Nassau-Usingen")

1: Kopfedeckungen: Tschakobeschlag. Der Kolpack der Grenadiere. Tschako mit der alternativ zum großen Tschakoblech für die Angehörigen der Grenadierkompanie beschriebenen Messingblech-Granate. Tschako mit Stutz und Behang der Grenadiere. Anstelle des Stutzes konnten an den Grenadiertschakos rote Pompoms nach der oben abgebildeten Art getragen werden. Tschako mit dem weißen Leinenbezug der Zentrumskompanien des Regiments. Da die auffälligen Überzüge der feindlichen Artillerie als bevorzugte Zielpunkte dienten, befahl General v. Kruse um 15^{00}, sie abzunehmen.

Im ganzen Regiment waren nur 29 Kolpacks vorhanden, welche an die Stabsoffiziere, Fahnenträger und Zimmerleute gegeben wurden. Im 1. Regiment zeigte die Kokarde die schwarze Farbe des Herzogtums Nassau.

2: Rock mit Unterweste nach dem vor 1814 ausgegebenen Muster. Im I. und II. Bataillon trugen alle Kompanien die dargestellten Schulterklappen. Feldwebel als Fahnenträger mit Fahnenbandelier. Rotwollene Achselwülste, welche für die Grenadierröcke vorgesehen waren, kamen erst nach dem Feldzug zur Auslieferung an die Truppe.

3: Rock des III. Bataillons (Sergeant), welches bei Waterloo bereits das Modell nach der neuen Vorschrift trug, jedoch mit roten Vorstößen und Zinnknöpfen zur grauen Hose.

4: Die goldene und silberne Tapferkeitsmedaille.

5: Ärmelabzeichen der Unteroffiziersdienstgrade. Von unten nach oben: Feldwebel, Sergeant, Corporal, Fourier. Die schräg laufenden Tressen befanden sich auf beiden Ärmeln.

6: Das Seitengewehr nebst Patronentasche der Grenadiersergeanten und -Korporale.

7: Seitengewehr der Fahnenträger.

2. Regiment ("Nassauische 2. Leichte Infanterie")

8: Der Tschako mit Beschlagblech und der regimentsspezifischen orangefarbenen Oranien-Kokarde.

9: Der Kolpack, Trageweise bei den Grenadieren aller drei Bataillone des 2. Regiments.

10: Tschako-Überzug der Zentrumskompanien .

11: Rock alter Art, von einem Teil der Leute aufgetragen, teilweise ohne die dazu gehörende Unterweste (Abb. 12). Ein Teil der Grenadiere trug noch die roten Fransen-Epauletten, so dass sie von den Preußen für Franzosen gehalten wurden.

13: Korporal im neuen Rock des 1815 eingeführten Musters. Das Regiment hatte einen Wachstuchüberzug für die Patronentasche.

Beide Regimenter: Tschakos, Grenadiere

Das Beschlagblech der Tschakos zeigt unterhalb der Trophäen ein "N" für "Nassau". Die Zentrumskompanie trugen den Tschako mit großem Blechbeschlag, dazu Wollpuschel in den Kennfarben gelb, weiß, hellblau und schwarz für die 1., 2., 3. und 4. Kompanie.

Die Grenadiere hatten als besondere Abzeichen für ihren Elite-Status rote Granaten-Embleme auf den Schoßumschlägen, ggfs. dazu rote Fransen-Epeauletten (nur im 2. Regiment). Rote Faustriemen und Quasten, ebenso rote Tschako-Garnituren sowie ggfs. eine Messingblech-Granate auf Tschako und Patronentaschendeckel.

Uniformen der Fahnensektion
1. Regiment
1
2
3
4
5
6
7
R. Fichtmann 2010
2. Regiment
8
9
10
11
12
13

Tschakoblech, 2. Regiment
Armeemuseum Brüssel, Foto: M. Gärtner.

Sainte abgestellt. In dieser Position hatte das Regiment zwischen 14⁰⁰ und 18⁰⁰ zahlreiche Angriffe französischer Infanterie und Kavallerie abzuwehren.

Während des Angriffes der Infanterie vom Korps d´Erlon wagte das I. Bataillon eine erfolglose Bajonettattacke gegen die auf sie feuernden Truppen Donzelots. Zwei der fünf Kompanien wurden dabei von Kürassieren niedergehauen, die Reste suchten Schutz in dem Karree des II. Bataillons, welches sich bis Mont St. Jean zurückzog.

Im Laufe dieses Gefechtes sind wahrscheinlich zwei Fahnen der Nassauer von den 6e und den 9e Cuirassiers erobert worden. Diese Trophäen sind den französischen Truppen später wieder abhanden gekommen. Eines dieser Feldzeichen ist die später nach Delft gekommene Fahne des III. Bataillons[1]. Die Eroberung einer Fahne durch das 9e wurde am 26. Juli durch den Adjutanten Grouchys bestätigt.

Etwa um 18⁰⁰ wurde das Regiment wegen heftigen Artilleriebeschusses um 100m zurückgezogen. Gleich nach 19⁰⁰ unternahmen das I. und II. Bataillon in Kolonnenformation eine verlustreiche Bajonett-Attacke auf die vorrückende Infanterie der Kaisergarde. Nach Charrie ging die Fahne des III. Bataillons an den Feind verloren, es ist das heute im Armeemuseum in Delft befindliche Exemplar.

In einer Übersicht der im Staatsarchiv Wiesbaden befindlichen Militärakten findet sich im Zusammenhang mit der diesbezüglichen Nachlassregelung die Anmerkung, der Fahnenträger Kessler vom 1. Regiment sei *"bei Waterloo verstorben"*.

Waterloo, 2. Regiment

Das I. Bataillon des 2. Regiments wurde gegen 9³⁰ zum Schloß Hougoumont abkommandiert, wo sich bereits braunschweigische Jäger und britische Garden befanden. Das Bataillon behauptete dort später seinen Platz gegen die andrängenden französischen Tirailleurs und bivakierte in der darauffolgenden Nacht an selbigem Ort.

Aus dem Rapport General v. Kruses über die Beteiligung des Nassauischen 1. und 2. Regiments an der Schlacht bei Belle-Alliance: Als um 11⁰⁰ die Division Jerôme Napoleon den Angriff auf das Gehölz beginnt, läßt der Bataillonskommandeur Hauptmann Büsgen die Fahne zurückschicken. Er ist der Ansicht, dass wegen des von der Truppe zu führenden Tirailleurgefechts eine Verteidigung des Feldzeichens nicht gewährleistet werden könne.

General Alva, als Gesandter des spanischen Königs bei der niederländischen Armee, nimmt den Vorgang des Zurückschickens der Fahne zum Anlass, in seinem Bericht über die Schlacht auf eine Flucht der Nassauer aus ihrer Stellung bei Hougoumont zu schließen[2]. Das II. und das III. Bataillon rückten gegen 11⁰⁰ in die anglo-alliierte Schlachtenlinie auf der Ostseite der Brüsseler Chaussee ein. An der rechten Flanke schlossen Hannoveraner an, nach Osten dagegen das I. Bataillon von Oranien-Nassau. Die Flanqueur-Kompanie war zur Besetzung von Papelotte detachiert.

Peter Wacker hat als erhaltene Feldzeichen die des jeweils I. und II. Bataillons vom 1. und 2. Infanterie-Regiment dokumentiert, außerdem die identisch aussehende Fahne des Depot-Bataillons. Letzteres war jedoch Teil des nicht mit ausmarschierten 3. Infanterie-Regiments. So könnte die zweite von den Kürassieren eroberte nassauische Fahne diejenige vom III. Bataillon des 2. Regiments gewesen sein. In v. Rößlers Truppengeschichte findet sich trotz ausführlicher Schilderungen von den Kämpfen der Nassauer am 18. Juni interessanterweise kein Hinweis auf etwaige verlorengegangene Feldzeichen. Ebensowenig findet man dazu eine Anmerkung in den gesammelten Offiziersberichten vom Verlauf der Gefechtshandlungen bei Pflugk-Harttung. Rößlers Truppenchronik ist hinsichtlich des Auslassens eines Feldzeichenverlustes bei der eigenen Truppe indes kein Einzelfall, wie der Autor bei seinen Recherchen mehr als einmal feststellen konnte.

Tapferkeitsmedaillen für Fahnenträger

Durch Edikt vom 9. August 1807 wurde Unteroffizieren und Soldaten eine silberne und eine goldene Tapferkeitsmedaille gestiftet. Unter den Unteroffizieren und Mannschaften, welche sich im Feldzug 1815 besonders auszeichneten, werden bei Rößler erwähnt (ohne Angabe der Regimentszugehörigkeit):

„*Fahnenträger Anton Schäfer von Volkmarsen in Westphalen*, hatte bereits früher die silberne Medaille. Erhält die goldene Tapferkeitsmedaille. In der Schlacht bei Waterloo trug er durch seinen Mut und seine Todesverachtung viel dazu bei, dass die junge Mannschaft mit Ruhe und Festigkeit die französischen Kavallerie-Angriffe erwartete und beim Avancieren ihm folgte.

Sergeant Heinrich Kuhn von Neuhof aus dem Amt Wehen Erhält die goldene Tapferkeitsmedaille. Als die links der Fahne stehenden Rotten wiederholt zusammengeschossen waren und zuletzt eine explodierende Granate dort großen Verlust verursacht hatte, zögerte die junge Mannschaft einen Augenblick, die Lücke wieder aufzufüllen.

Sergeant Kuhn sprang in dieselbe, forderte einige Leute der hinter ihm stehenden Divisionen auf, neben in zu treten und veranlaßte durch sein gutes Beispiel, dass die Rotten um die Fahne stets geschlossen blieben.

Fahnenträger Franz Schneider von Ehrenbreitstein. Erhält die silberne Tapferkeitsmedaille."

Mit dem Erhalt der goldenen Tapferkeitsmedaille war eine lebenslange Rente verbunden, die der Höhe des vollen Soldes entsprach, der Empfänger der silbernen Medaille konnte sich einer Rentenzahlung in Höhe des halben Soldes erfreuen.

Auch jene Angehörigen der nassauischen Truppen, welche tatsächlich an den Kämpfen des 18. Juni teilgenommen hatten, erhielten als besondere Auszeichnung einen Anteil an den Prisengeldern aus der französischen Beute sowie die von der britischen Regierung gestiftete Waterloo-Medaille mit den entsprechenden Gratifikationen.

Herzog Adolph ließ in Wiesbaden am 18. Juni 1865 ein monumentales Denkmal für die um Waterloo Gefallenen des 1. und 2. Regiments Nassau feierlich enthüllen. Namentlich verzeichnet sind darauf 344 Gefallene aus dem 1. und 2. nassauischen Linien-Infanterie-Regiment.

---

1) Charrie, Manuskript S. 33
2) Ph. v. Rößler, Truppengeschichte
3) Ph. v. Rößler, Truppengeschichte S. 45

Im Jahr 1814 fassten die Alliierten auf dem Wiener Kongreß den Beschluss, dass ein Teil des sächsischen Staatsgebietes unter preußische Herrschaft fallen sollte. Als ehemaliger Verbündeter des französischen Kaisers blieb König Friedrich August vorerst Gefangener der Alliierten.

Die 18.000 Mann starke sächsische Division wurde nun dem III. deutschen Armeekorps unterstellt.

An die sächsischen Offiziere erging am 22. Februar 1815 eine Aufforderung, sich im Hinblick auf die vorgesehene Teilung des Königreiches für den Dienst in der preußischen oder der sächsischen Armee zu entscheiden. Auch waren Listen einzureichen, aus denen die regionale Herkunft der sächsischen Mannschaften hervorging.

Die Fahne des Leibgrenadiergarde-Bataillons.
"Ihre Fahne wird verbrannt, die Rädelsführer erschossen..."

Auf dem Wappenmantel befindet sich das sächsische Wappen mit dem grünem Rautenkranz.
Daran drapiert sind am grünen Ordensband das Kreuz vom Hausorden der Rautenkrone und, am weißen Band, das Kreuz des Heinrichsordens. Die Eckschildchen tragen die Buchstaben RS (Rex Saxoniae - König von Sachsen). Die andere Seite der Fahne zeigt im Zentrum den Namenszug FAR, eingefasst von Lorbeer und Palmwedel.

Die sächsischen Truppen, welche sich im Raum Köln befanden, wurden im März nach Aachen verlegt. Hinsichtlich eines bevorstehenden Feldzuges erfolgte am 10. April der Abmarsch nach Belgien. Unter den Mannschaften verbreiteten sich Nachrichten über eine bevorstehende Teilung Sachsens, von der Widersetzung des Königs und der Landung Napoleons in Frankreich. Am 19. und 21. März erliess Friedrich Wilhelm III. vorbereitende Maßnahmen für die Teilung von Staat und Heer. Die Mannschaften sollten entsprechend ihrer Wohnorte dem sächsischen oder dem preußischen Teil des Staates und des Heeres zugeteilt werden.

Obgleich Friedrich August seine Zustimmung bis dahin nicht erteilt hatte, verfügte der preußische König am 22. April wegen des bevorstehenden Krieges die Teilung der sächsischen Division. Feldmarschall Blücher ordnete am 1. Mai die Bildung einer Brigade für den sächsischen und einer für den preußischen Dienst an. Beide Brigaden sollten unter seinem unmittelbaren Oberbefehl zusammenbleiben, und die sächsische Eidesformel und die Feldzeichen vorerst beibehalten werden.

Blücher hatte gerade aufgrund der schwierigen Lage, in welcher sich das sächsische Militär befand, das provisorische Garde-Regiment (I. Gardebataillon, II. und III. Grenadierbataillon) als Wache seines Hauptquartiers in Lüttich bestimmt. Am Abend des 2. Mai fanden sich die Kommandeure bei Gneisenau ein, um Anordnungen zum Vollzug der vorgesehenen Brigadeteilung entgegenzunehmen, als sich auf einmal Soldaten des Gardebataillons vor der Wohnung des Generals versammelten.

Es kommt schließlich zum Tumult und zu aufgeregten Rufen *„Vivat unser König, wir lassen uns nicht teilen!"*, einhergehend mit Beschimpfungen der preußischen und sächsischen Stabsoffiziere. Die Androhung, Truppen herbeizurufen, läßt die erregte Menge sich zerstreuen. Blücher befiehlt den Abmarsch des Gardebataillons nach Huy.

Als das ausmarschierende Bataillon am Feldmarschall vorbeidefiliert, verweigern die Soldaten die von ihren Offizieren kommandierten Ehrenbezeugungen. Nach Einbruch der Dunkelheit strömt nun eine erregte Masse aus Angehörigen beider Grenadierbataillone zu der Wohnung des Generalfeldmarschalls, Steine werden geworfen und einige Leute dringen in die Wohnung ein. Blücher entkommt durch einen Seitenausgang. Die Aufrührer zerstreuen sich, alarmierte preußische Infanterie verhindert ein weiteres Ausufern der Widersetzlichkeiten. Blücher befiehlt, die Entwaffnung der drei sächsischen Bataillone wegen offenen Aufruhrs, Meuterei, tätlichen Vorgehens gegen Offiziere und Ungehorsams.

"Ihre Fahne wird verbrannt, die Rädelsführer erschossen..."

Diesen Befehl Blüchers erhielt am 5. Mai zur Ausführung General von Borstell, Kommandeur des II. Armeekorps, welcher sein Hauptquartier in Namur hatte. Hierher war auch zuerst das Garde-Bataillon gewiesen worden, dem jene Fahne angehörte, welche auf Anordnung Blüchers den Flammen übergeben werden sollte.

Borstell, der die Sachsen 1814 im Flandern-Feldzug schätzen gelernt hatte, gab weniger den aufrührerischen Soldaten als vielmehr den unglücklichen Umständen und einigen sächsischen Offizieren die Schuld an den mißlichen Vorfällen. Major v. Römer, Kommandeur des Garde-Bataillons bat Borstell, das befohlene Verbrennen des Felzeichens abzuwenden. Er *"beschwor ihn mit Bitten und Tränen, von dem Gardebataillon die Schmach abzuwenden, dass die Fahne desselben, ein Geschenk der Königin, welche sie und die Prinzessin Auguste mit Allerhöchsteigenen Händen gestickt, verbrannt werde"*.

Die wiederholt vorgetragene Bitte des sächsischen Majors um Rückgabe der eingezogenen Fahne wurde von Blücher indes schroff abgelehnt. Borstell dagegen, dem der Befehl des Feldmarschalls unangemessen hart erschien, versprach den sächsischen Offizieren, dass die Fahne unversehrt bliebe solange er befehle.

Dann suchte v. Borstell den Generalfeldmarschall auf, um sich bei ihm für den Erhalt des Feldzeichens zu verwenden. Blücher jedoch hatte in der Zwischenzeit mit Tagesbefehl vom 6. Mai die Fahnenverbrennung der Armee bereits bekanntmachen lassen. General v. Borstell gestattete nun mehreren sächsischen Offizieren eigenmächtig, vor der Verbrennung der Fahne den Namenszug des Königs und den sächsischen Rautenkranz aus dem Fahnenblatt herauszuschneiden.

General v. Borstell wurde aufgrund seines eigenmächtigen, befehlswidrigen Handelns durch ein Kriegsgericht zu einem Jahr Festungshaft verurteilt, wovon der König später einen Teil erliess.

Förster, Befreiungskriege Band 3 Teil 2,. S. 781f: Aufruhr der Sachsen in Lüttich.
Julius Königer: Der Krieg von 1815 und die Verträge von Wien und Paris. Leipzig 1865. S. 151f: Der Aufstand der Sachsen.

DIE HERZOGLICH BRAUNSCHWEIGISCHE ARMEE

Aus den Gefechtshandlungen 1815 war lediglich eines der Feldzeichen in relativ gutem Erhaltungszustand hervorgegangen. Obgleich die Truppen besonders stark in die Kämpfe sowohl bei Quatre Bras als auch bei Waterloo verwickelt waren, fand sich lediglich eine einzige Schilderung über den Beinahe-Verlust einer braunschweigischen Fahne. Siborne erwähnt, die Braunschweiger hätten sich auf eine Weise benommen, die den erfahrensten Veteranen Ehre gemacht habe. Oberst Olfermann, welcher nach dem Tod des schwarzen Herzogs den Oberbefehl über das Feldkorps übernommen hatte, konnte hinsichtlich der Führung seiner Braunschweiger während der Kämpfe bei Waterloo sagen: *"Sie standen wie die Felsen."*[1]

NVNQVAM RETRORSVM

NUNQUAM RETRORSUM

("Niemals rückwärts")
Wahlspruch des St. Georgs-Ordens.

Der einer Welfenlinie entstammende Friedrich Wilhelm von Braunschweig-Oels sollte 1806 die Nachfolge seines verstorbenen Vaters antreten. Da das Herzogtum von Napoleon besetzt und seit 1807 dem Königreich Westfalen einverleibt war, zog sich der Thronerbe auf das 1805 ererbte Fürstentum Oels in Schlesien zurück. Von dort aus führte Friedrich Wilhelm mit seiner schwarzen Schar den Kampf gegen den Franzosenkaiser, bis er nach dessen Niederlage 1813 sein Amt als regierender Herzog antreten konnte. 1814 wurde das Territorium des Herzogtums Braunschweig durch den Wiener Kongreß in den alten Grenzen von Braunschweig-Wolfenbüttel festgelegt. Die bereits 1814 aufgestellte Armee bildete bei der Mobilmachung 1815 den Grundstock des braunschweigischen Feldkorps.

Nach der Rückkehr Napoleons wurde am 17. April 1815 durch die Vertreter der verbündeten Großmächte in Brüssel das braunschweigische Kontingent auf der Basis eines *Subsidienvertrages* dem sich auf dem belgischen Kriegsschauplatz versammelnden britisch-niederländischen Heer Wellingtons zugeteilt. Die braunschweigischen Truppen wurden somit für die Dauer der Kampfhandlungen an die britische Krone „vermietet.[2]" Beim Ausmarsch im April 1815 lag das Durchschnittsalter der Unteroffiziere und Gemeinen zwischen 17 und 22 Jahren, das der Kompaniechefs bei 27-28 und das der Bataillonskommandeure bei etwa 30 Jahren. Die älteren Jahrgänge waren zum überwiegenden Teil bereits mit der westfälischen Armee im Rußlandfeldzug zugrunde gegangen oder im spanischen Halbinsel-Feldzug geblieben. Insgesamt zogen die acht Braunschweiger Infanterie-Bataillone mit 151 Offizieren, 440 Unteroffizieren und 4.946 Gemeinen ins Feld.[3]

Das *Braunschweigische Feldkorps* unter dem Oberbefehl Herzog Friedrich Wilhelms war dem zweiten Korps der Verbündeten zugeteilt, die Linien-Brigade wurde durch Oberst-Leutnant von Specht kommandiert. Die jeweils vier Kompanien starken I. und II. Linien-Infanterie-Bataillone wurden am 14. Januar 1814 zu Braunschweig errichtet. Am 8. März erfolgte die Aufstellung des III. Linien-Infanterie-Bataillons, ebenfalls zu vier Kompanien. Die Angehörigen der Linien-Bataillone wurden aus drei unterschiedlichen Gruppen rekrutiert: zum einen aus geworbenen Freiwilligen. Dann aus allen jenen Braunschweigern, welche sich bis zum 1. Oktober 1813 noch im westfälischen Militärdienst befanden. Schließlich aus denjenigen, welche unter den dienstfähigen dienstpflichtigen jungen Männern zwischen 18 und 25 Jahren entsprechend der benötigten Anzahl ausgelost worden waren.

1. Tragen der Fahne

"Die Fahne wird auf der rechten Schulter getragen; der Arm ist ausgestreckt und umfaßt den Schuh mit der vollen Hand. Beim Gewehr abnehmen wird die Fahne, ohne die linke Hand zu gebrauchen, blos durch die rechte durchschießen gelassen. Beim Aufnehmen hilft die linke Hand die Fahne festhalten, bis die rechte unter den Schuh gefaßt hat, wo sie dann wieder weggeworfen wird.

Beim Gewehr in Arm nehmen auf der Stelle, kann sie wie vorhin herunter gelassen werden.

Beim Gewehr übernehmen, wird sie durchschießen gelassen, rückwärts übergehangen, und auf der Schulter ruhend getragen; die rechte Hand hält die Stange gerade vorwärts".

Reglement S. 57, 58, Ausbildung des einzelnen Mannes. Griffe mit der Fahne.

Die Fahnen

Das Leib-Bataillon, bis April 1815 *Bataillon v. Pröstler,* führte keine Fahnen, da es mit seiner neuen Bezeichnung gleichzeitig der leichten Brigade unterstellt wurde. *Die Fahnen des I. und II. Bataillons* wurden am 12. April 1814 in Braunschweig auf dem Exerzierplatz im Rahmen eines Feldgottesdienstes geweiht. Zu Ehren der neuen Feldzeichen, welche dem I. und II. Linien-Bataillon zuvor auf dem Schloßplatz übergeben worden waren, wurden 101 Kanonenschüsse abgefeuert. Bürgerinnen der Stadt Braunschweig hatten *"zur Bethätigung ihrer patriotischen Gesinnung"* sechs Fahnen *"eigenhändig verfertigt"* und sie am 18. März *"dem Fürsten und dem Vaterlande in schuldigster Ehrfurcht gewidmet."*[4]

Nach der in Preußen bestandenen Norm besaßen Musketierbataillone je zwei Fahnen, deren eine als "Avancierfahne" *(avancieren = vorgehen)*, die andere als "Retirierfahne" *(retirieren = zurückziehen)* dienten. Jedes der Linien-Bataillone erhielt deshalb zwei der neuen Fahnen, die leichte Infanterie führte in Preußen keine Feldzeichen. Von den Fahnenpaaren, welche jedem Bataillon verliehen wurden, galt jeweils eine als "Herzogsfahne", die andere als "Bataillonsfahne". Eine Bericht über die Parade, welche im Zusammenhang mit der ersten Jahresfeier der Völkerschlacht am 19. Oktober 1814 stattfand, erwähnt die Fahnen des II. und III. Linien-Bataillons, welche beim Vorbeimarsch vor dem Herzog gesenkt wurden. Stange, Spitze und Banderoll waren bei den Fahnen beider Bataillone identisch.[5] Die in den Fahnen wiederkehrende Symbolik sind zum einen die dem Geschlecht der Welfen zugeordneten Farbenkombinationen hellblau und gelb (gold) sowie gelb (gold) und weiß (silbern), ergänzt durch das welfische Sachsenroß. Außerdem das Motto des St. Georgs-Ordens und der Namenszug Friedrich Wilhelms. Die Farbenkombination schwarz und hellblau entsprach der Uniform, welche die 1809 aufgestellte "Schwarze Schar" während ihres Kampfes gegen Napoleon getragen hatte.

Die Fahnen des I. Linien-Bataillons und die Herzogsfahne des III. Linien-Bataillons waren bei der braunschweigischen Infanterie noch bis 1907 in Gebrauch, im Krieg 1870/71 im Feldeinsatz. Die 1815 zum Feldkorps gehörende Ulanen-Eskadron führte ebensowenig eine Standarte wie die Husaren-Eskadron.

Reglement 1815

Am 17. April 1815 hatte der Herzog ein ganz neues Exerzier-Reglement erlassen, von dem allerdings nur noch ein Bruchstück erhalten ist. Es handelte sich dabei um eine geschickte

1) Ortenburg, S. 47
2) Förster Fünfter Band, S. 743
3) Kortzfleisch S. 51.
4) Kortzfleisch, S. 31
5) Kortzfleisch, S. 42

Die Fahnensektion

1: ***Dolman, Sergeant des I. Linien-Bataillons.***
2: ***Tschako 1815,*** *feldmäßig im Überzug getragen.*
3: ***Sergeant vom II. Linien-Bataillon.***
4: ***Korporal, III. Linien-Bataillon.***
5: ***Winkel für Korporal.***
6: ***Winkel für Sergeant.***
7: ***Fahnenträger, III. Linien-Bataillon.*** *Die Fahne "auf der rechten Schulter".*

Das Exerzier-Reglement gibt, wie das preußische, als Fahnenträger lediglich allgemein *"Unterofficiers"* an.

Die Träger der Fahnen waren Sergeanten. Dies geht u.a. aus den Erlebnisschilderungen und den Aufzählungen einzelner Dienstgrade im Abschnitt über verliehene Auszeichnungen bei Kortzfleisch hervor.

Die Fahnenbedeckung bildeten entsprechend dem Exerzier-Reglement vier Unteroffiziere. Es wurde dazu jeweils einer aus jeder Kompanie abkommandiert.

1815 ist die Rangfolge der Unteroffiziersdienstgrade: *Sergeant-Major, Feldwebel, Sergeant, Korporal* [Kortzfleisch S. 48]. Im April 1815 gehörten zu jeder Kompanie ein Feldwebel, sechs Sergeanten, sechs Korporale. Jedes Bataillon hatte einen *Sergeant-Major*. Daraus wird deutlich, dass die Begleit-Unteroffiziere der Fahnenträger-Sergeanten Korporale waren.

Rangabzeichen der Unteroffiziersdienstgrade waren Winkeltressen *("Galons")*, welche nur am *rechten* Rockärmel getragen wurden. Seit Einführung der neuen Uniformierung im Februar 1815 waren die bis dahin verschiedenen Galons der Unteroffiziere durchweg aus silberner Tresse. Korporale hatten zwei, die Sergeanten drei, Feldwebel vier silberne Galons am rechten Oberarm.

Alle Unteroffiziere vom Sergeanten aufwärts waren mit einer blaugelben wollenen Schnurschärpe ausgestattet. Dazu trugen sie am Griff des Seitengewehrs einen gelben, blau durchzogenen Faustriemen mit gelb-blauer Troddel. Besondere Statusabzeichen von Feldwebeln und Sergeanten waren weiße Handschuhe und der Stock.

Die Bewaffnung war ein verkürztes, gezogenes Bajonettgewehr. Die Patronentasche der Unteroffiziere war kleiner und wurde vorn am Bauch an einem Leibriemen getragen. Alle Unteroffiziere hatten im Gegensatz zu den Gemeinen den Infanteriesäbel, wohl aus erbeuteten französischen Beständen. Der Tornister war aus schwarz gestrichener Leinwand mit einem in weißer Farbe aufgemalten springenden Roß.

Wie in Preußen hatten die Fahnenträger ganz offensichtlich keine Bandeliers zum Einsetzen der Fahne, sie wurde frei getragen. Ob sich die Fahnenträger, nach preußischem Vorbild, die bei Gefechtsbeginn abzunehmende Wachstuchhülle über die Schulter legten, ist dem Verfasser nicht bekannt.

Fahnen und Fahnensektion

Sieg oder Tod

1

I. Linien-Bataillon

Mit Gott für Fürst und Vaterland

2

Mit Gott für Fürst und Vaterland

MIT GOTT FÜR FURST UND VATERLAND 1813

3

II. Linien-Bataillon

4

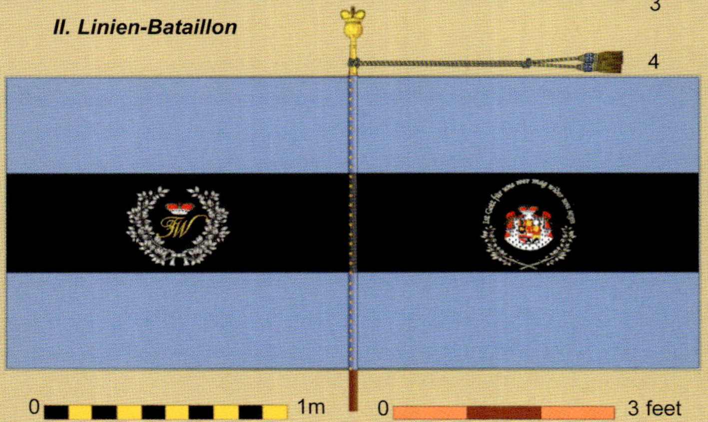

Ist Gott für uns wer mag wider uns seyn

0 1m 0 3 feet

Abmessungen nach Kortzfleisch. Tücher, Spitzen und Banderolen nach der Beschreibung von Kortzfleisch und Abbildungen bei Fiebig und Ortenburg. Stangen ca. 3m lang.

I. Linien-Bataillon:

***Herzogsfahne** (Abb.1), **Bataillonsfahne** (Abb.2).*

Beide Fahnen zeigen als Hauptmotive, umgeben vom Monogramm Friedrich Wilhelms (FW) jeweils auf der Vorderseite das herzogliche Wappen, auf der Rückseite das springende Pferd der Welfen unter einem Motto. Auf der Herzogsfahne lautet der Spruch "Sieg oder Tod", auf der Bataillonsfahne "Mit Gott für Fürst und Vaterland".

Die Herzogsfahne des I. Bataillons wurde bis 1907 vom I. Bataillon, die Bataillonsfahne 1831-1907 von II. Bataillon des 92. Infanterie-Regiments geführt.

II. Linien-Bataillon:

***Herzogsfahne** (Abb.3), **Bataillonsfahne** (Abb.4).*

Nach Kortzfleisch, S. 32, waren die Tücher: "mit einer Goldborte" - dagegen nach Fiebig, S. 406, "mit einer schmalen silbernen Litze eingefaßt". Die Rückseite der Herzogsfahne trägt das Motto "MIT GOTT FÜR FÜRST UND VATERLAND 1813", die der Bataillonsfahne "Ist Gott für uns, wer mag wider uns seyn". Abb.3 ist nach Kortzfleisch S. 42/43 die Fahne des III. Linien-Bataillons.

Die Banderolen waren aus gelb-silbern und blau-golden durchwirkten Quastenschnüren.

***III. Linien-Bataillon: Herzogsfahne** (Abb. 5)*
Auf beiden Seiten ein in weißer Seide gesticktes Roß mit der Überschrift "NUNQUAM RETRORSUM", darunter je ein Lorbeer- und ein Eichenzweig. Die Herzogsfahne war als einziges der braunschweigischen Feldzeichen relativ gut erhalten aus dem Feldzug 1815 hervorgegangen. Zweige und Bodenfläche unterhalb des Welfenrosses können anstatt grün eventuell silbern gewesen sein.

III. Linien-Bataillon

Ulanen-Eskadron, Lanzenwimpel

7: *Fahnenträger mit Begleit-Korporalen, II. Linien-Bataillon*

6: *III. Linien-Bataillon, Bataillonsfahne*
Die Vorderseite trägt eine verkleinerte Ausführung von Pferd und Motto der Herzogsfahne. Auf der Rückseite des Fahnenblattes im silbernen Eichenkranz, unter dem ein kleiner silberner Totenkopf sitzt, die Devise "MIT GOTT FÜR FÜRST UND VATERLAND MDCCCXIV"
Die römische Ziffernfolge bedeutet "1814".

Kortzfleisch bezeichnet diese Fahne als Bataillonsfahne des II. Linien-Bataillons.

Verschmelzung des *preußischen Exerzier-Reglements 1812* mit den englischen *Rules and Regulations 1792*. Betreffs der Aufstellung und Einteilung der Bataillone richtete sich der Herzog, welcher selbst einst in der preußischen Armee gedient hatte, nach dem Reglement für die preußische leichte Infanterie von 1788, die eine zweigliedrige Ordnung vorschrieb.[6]

2. Salutieren auf der Stelle
§ 43

"Das Salutiren der Fahne fängt mit dem Präsentieren zugleich an, in folgenden Tempos:
1. Die linke Hand faßt die Fahne in der Gegend der rechten Schulter an.
2. Beide Hände bringen die Fahne so in perpendikuläre Richtung vor den Leib, daß der Schuh sich vor dem Unterleib befindet.
3. Die Fahne wird mit der Spitze gegen den Boden gesenkt, wobei der Unterofficier rechts um macht, doch ohne die Absätze vom Fleck zu bringen. Die linke Hand gleitet hierbei mehr nach der Mitte, die rechte geht über den Kopf.
4. Die Spitze wird wieder in die Höhe gebracht, und die Lage beim zweiten Tempo eingenommen.
5. Die Fahne wird an die rechte Schulter gezogen, wie beim ersten Tempo.
6. Die linke Hand wird weggeworfen.
Die drei letzten Tempos werden allein, und in dem selben Zeitmaaß gemacht, als die drei ersten.

3. Salutiren im Marsch.
§ 44

Das Salutiren im Marsch wird auf dieselbe Art gemacht. Auf jeden Schritt kommt ein Tempo. Das erste wird mit dem der dabei marschirenden Officiers zugleich gemacht.
"

Reglement S. 57-59, Ausbildung des einzelnen Mannes. Griffe mit der Fahne.

Waterloo, II. Linien-Bataillon

Ihre Feuertaufe erhielten die neuen Fahnen bei Quatre Bras, wo sich das II. Linien-Bataillon durch mehrfaches Zurückschlagen feindlicher Kavallerieangriffe besonders auszeichnete. In der Regimentsgeschichte wird nur eine einzige Situation - während der Schlacht bei Waterloo gegen 19⁰⁰ Uhr - als erwähnenswert erachtet, in welcher eine der sechs Bataillonsfahnen eine hervorgehobene Rolle spielt:[7]

Nachdem die französischen Divisionen Alix und Donzelot des I. Armeekorps La Haye Sainte erobert haben, wendet sich das Korps d`Erlon mit einem massierten Angriff gegen das Zentrum der von zahllosen zurückgeschlagenen Angriffen erschöpften Alliierten. Die hannoversche Division Alten ist zurückgedrängt, es gibt keinerlei Reserven mehr. Wellington beordert die Braunschweiger zur Verstärkung:

Sie schieben sich, gedeckt hinter einem Höhenrücken vorgehend zwischen der englischen Brigade Halkett und dem herzoglich nassauischen II. Bataillon ein. Linkerhand des Karrees der britischen 30th und 73rd Foot schließen sie die Lücke, welche insbesondere durch die Vernichtung des VIII. und des V. Linienbataillons der King´s German Legion entstanden war.

Der Pulverqualm liegt dick über dem Boden und behindert die Sicht. Während die Braunschweiger noch im Aufmarschieren an der Höhe begriffen sind, werden sie von den Tirailleurs einer Schützenkette überrascht, welche von der Division Donzelot und der mittleren Garde vorgeschickt wurde und jetzt den Kamm hinaufflutet.

Die vorderen braunschweigischen Bataillone, völlig erschöpft durch die bereits mitgemachten Kämpfe, geraten ins Wanken. Eine der beiden Fahnen des II. Linien-Bataillons fällt dabei fast in die Hände der Franzosen - ihr Träger, der Sergeant Fuhr, sinkt getroffen und aus mehreren Wunden blutend zu Boden. Seinem Ausruf *"Nehme einer die Fahne, damit sie nicht verloren geht!"* folgend ergreift Sergeant Horney von der 2. Kompanie das gefährdete Feldzeichen und bringt es in Sicherheit. Alle Fahnen werden stark zerfetzt, da die feindlichen Kartätschenkugeln meist zu hoch gehen und ihre Tücher durchlöchern.

Am 6. Januar 1818 wurde dem Sergeanten Fuhr *"für seine hervorragende Haltung in den Junischlachten"* die mit einer Zulage von jährlich 24 Reichstalern verbundene Ehrenmedaille des Guelphenordens verliehen.[8]

Kurz vor Sonnenuntergang beim allgemeinen Angriff gegen 21⁰⁰, welcher durch Wellingtons Ausruf *"Charge!"* veranlasst wurde, gingen alle Truppenteile *"mit fliegenden Fahnen und klingendem Spiel vor, hinter dem fliehenden Feinde her ... Bald war La Haye Sainte wiedergenommen"*.[9]

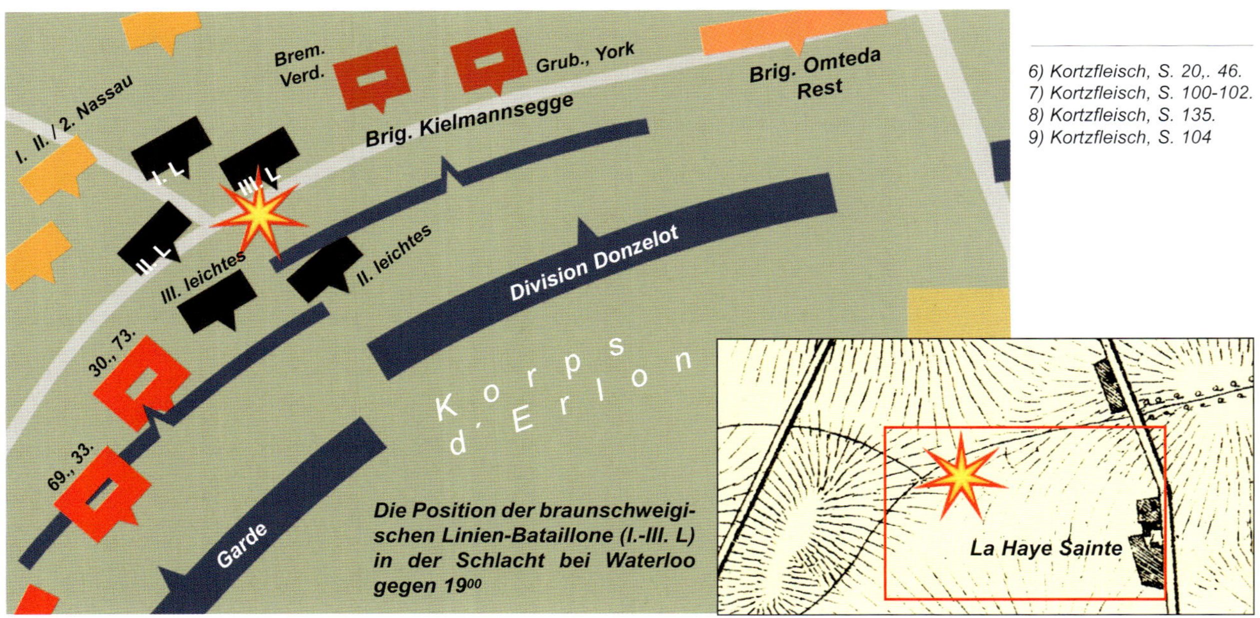

Die Position der braunschweigischen Linien-Bataillone (I.-III. L) in der Schlacht bei Waterloo gegen 19⁰⁰

6) Kortzfleisch, S. 20,. 46.
7) Kortzfleisch, S. 100-102.
8) Kortzfleisch, S. 135.
9) Kortzfleisch, S. 104

Der Platz der Fahnensektion

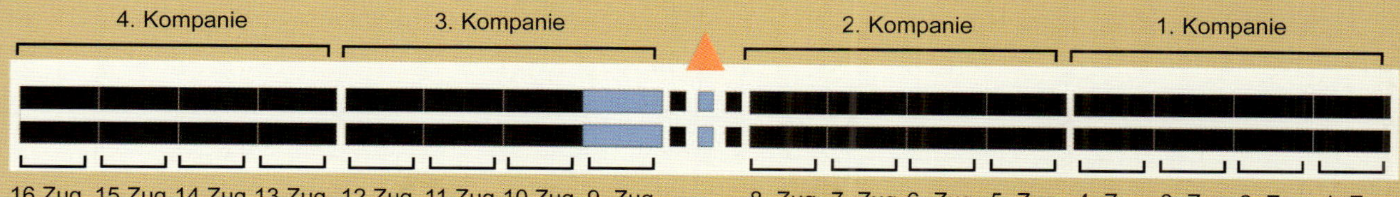

Linien-Infanterie-Bataillon, "Glieder zur Chargierung geschlossen"

Hinter dem zweiten Glied standen Reihenschließer-Unteroffiziere - diese sind, ebenso wie die hinter dem Bataillon stehenden Offiziere, hier nicht berücksichtigt. Die Bataillonslinie war die Aufstellung für das Feuergefecht ("chargieren"), zum Angriff wurde eine tiefer gestaffelte Kolonnenformation gebildet.

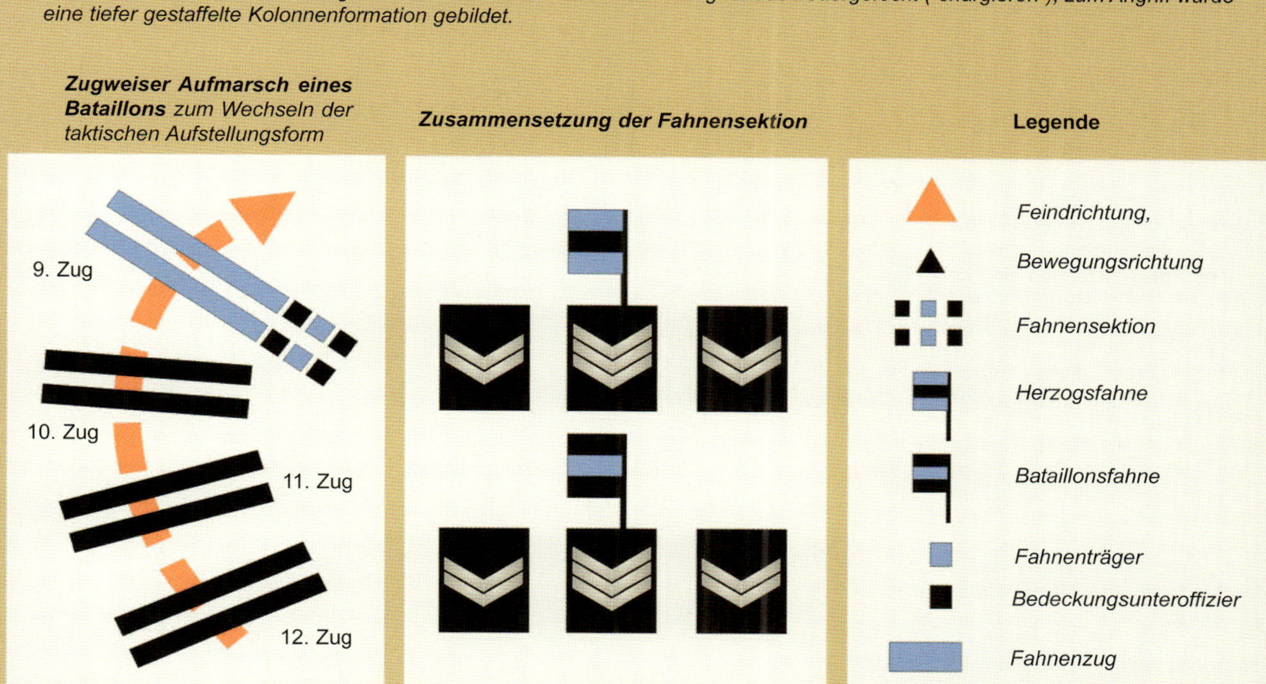

Aus dem Reglement: Die Position der Fahnen

In der Angriffskolonne war der Platz der Fahnensektion in der Mitte zwischen den vorderen Zügen, hinter dem kommandierenden Offizier.

Die Position der Fahnen, welche in der Fahnengruppe hintereinander stehen, entspricht der Handhabung im preußischen Reglement. Die 16 Züge des Bataillons werden auch als *Pelotons* bezeichnet.

Die Verwendung von zwei hintereinander angeordneten Fahnen legt den Vergleich der ranghöheren Herzogsfahne mit der "Avancierfahne" (avancieren = vorgehen) im preußischen Bataillon von 1812 nahe, die Bataillonsfahne entsprach der preußischen "Retirierfahne" (retirieren = zurückgehen).

Nach der Bestimmung im preußische Reglement marschierte beim Avancieren in Linie der Träger der vorderen Fahne mit seinen beiden Begleit-Unteroffizieren acht Schritte vor der Bataillonslinie, die hintere (Retirier-) Fahne rückte dann in das vordere Glied nach (siehe S. 59 Abb. *„Bataillon vorwärts!"*).

"Die Fahnen sind stets an den rechten Flügel des 9ten Zuges attachiert. Wird mit Zügen rechts abgeschwenkt, so marschieren sie auswärts auf dem Flügel dieses Zuges,
wird aber links abgeschwenkt, so muß sogleich, nachdem angetreten worden, der neunte Zug sich zwei Schritte links ziehen, damit der rechts neben der Fahne stehende Unterofficier in der Linie der Flügel-Unterofficiers marschire;
treten die Officiers auf den Flügel, so tritt hier der Officier in dessen Stelle."

Reglement S. 120, Exercitium einer Kompanie.

Sind die Glieder zur Chargierung geschlossen, so treten die Fahnen zwischen dem 8ten und 9tem Zuge so ein, daß die eine im ersten, die andere im zweiten Gliede zum stehen kommt. und jede Fahne steht zwischen besonders dazu bestimmten Unteroffiziers, wozu jede Kompagnie einen giebt, die in Marsch und der Richtung vorzüglich geübt sein müssen.

Bei den leichten Bataillons sind keine Fahnen und treten daher blos diese vier Unterofficiers, nämlich zwei im ersten und zwei im zweiten Gliede ein. Diese Fahnen sind, wenn die Front gebrochen wird, an den rechten Flügel des 9ten Zuges attachiert, welcher der Fahnen-Zug genannt wird."

Reglement S. 92, Exercitium einer Kompanie.

DIE ARMEE DES KÖNIGREICHS DER VEREINTEN NIEDERLANDE

1810 waren sowohl die belgische Südprovinz der Niederlande als auch die nördlichen Provinzen dem französischen Kaiserreich angegliedert worden. Nach der erfolgreichen Erhebung im Jahr 1814 wurden am 29. März 1815 beide Teile Hollands unter Wilhelm I. von Oranien als *Königreich der Vereinten Niederlande* zu einem gemeinsamen Staat zusammengefasst. Dieses Königreich der Niederlande stellte 30.000 Mann für die Armee Wellingtons. Dies Kontingent machte ein gutes Drittel der Mannstärke seiner anglo-alliierten Truppen aus. Im Hinblick auf eine bevorstehende Vereinigung beider Landesteile war das belgische Militär bereits seit dem September 1814 nach dem Vorbild der niederländischen Streitkräfte umgebaut worden. Ausschlaggebend war nach wie vor das französische Exerzier-Reglement, jedoch wurde die Linie jetzt nicht mehr zu drei, sondern zu zwei Gliedern formiert. Für die Linien- und die Jäger-Bataillone waren noch im Januar 1815 neue Bekleidungsvorschriften erlassen worden. Bei der Masse der nordholländischen Soldaten soll das Erscheinungsbild uneinheitlich gewesen sein, indem es auch noch Elemente der vorangegangenen Vorschriften von Dezember 1813 und Februar 1814 zeigte.[1] Die Belgier dagegen sollen schon vor dem Ausmarsch vorschriftsmäßig eingekleidet gewesen sein.[2]

Gesticktes Hornmotiv auf dem Fanion der 27. Jäger

Die Farbe des Tuchs war offenbar ursprünglich orangefarben, das Horn ist aus feinem Silberdraht gestickt. [Leger- en Wapenmuseum Delft] Foto: Markus Stein.

Die Infanterie der königlich-niederländischen Armee, bestehend aus Miliz, Linien-Infanterie und Jägern *(Chasseurs)*, war überwiegend in eigenständige Bataillone gegliedert. Ein Bataillon hatte sechs gewöhnliche Kompanien, dazu zwei Flügel- *oder Flanqueur*-Kompanien. Je eine der beiden Flanqueur-Kompanien wurde als "schwer", die andere als "leicht" bezeichnet. Jede Kompanie hatte je einen *premier-* und einen *secondelieutenant*, einen *sergent-major*, vier *sergents*, einen *caporal-fourrier* und acht *caporaux*.

Fanion der 36. Jäger, aufgemalte Bataillonsbezeichnung

Tuchgröße ca. 50x50cm. [Leger- en Wapenmuseum Delft] Foto: Markus Stein.

Feldzeichen

Solange sie der napoleonischen Armee angehört hatten, führten die holländischen Einheiten Feldzeichen französischer Art. Diese Fahnen wurden auf Befehl des Bourbonenkönigs 1814 in Paris vernichtet. Die Truppen der neu formierten Königlich-Niederländische Armee hatten indes noch keine neuen Fahnen erhalten, als 1815 die Mobilmachung erfolgte. Erst nach 1818 kamen die neuen Fahnen tatsächlich zur Auslieferung.[1] Der britische Kommandeur der reitenden Artillerie, General *Cavalié Mercer,* beschreibt in seinem Tagebuch für den 19. Juni, wie der Marsch seiner Truppe durch die Straßen einer Stadt von einer endlosen Kolonne *"belgischer Infanterie"* behindert wird, welche *"in einer Art triumphaler Prozession mit entfalteten Fahnen und spielender Kapelle den Beifall der aus den Fenstern winkenden Damen genoß.*[3] Möglicherweise handelte es sich hier um eines der Milizbataillone. Denkbar wäre, dass zumindest einige dieser Landwehren von Seiten der Bevölkerung gestiftete oder privat beschaffte Fahnen mitführten.

Fanions

Mehrere Exponate in niederländischen Museen zeugen davon, dass zumindest einige der Jäger-Bataillone 1815 über Varianten von Bataillonsfanions oder über Kompaniefähnchen verfügten. Die erhaltenen Exemplare stammen von den Chasseur-Battailonen 27 und 36 sowie von der Kompanie *Friesische freiwillige Jäger,* welche die leichte Kompanie des Chasseur-Bataillons Nr. 16 bildeten. Letzteres war Teil der 1. Niederländischen Division, welche bei Waterloo nicht im Einsatz war.

Die 27. Chasseurs gehörten zur 1. Brigade Bijlandt, 2. Niederländische Division. Das Bataillon hatte 23 Offiziere und 786 Mannschaften.[4] Bei Quatre Bras stand es an der linken Flanke der Armee des Prinzen von Oranje. Hier war das Bataillon zunächst den heftigen Angriffen französischer Plänkler ausgesetzt, anschliessend wurde es von Teilen *Pirées* leichter Kavallerie durcheinandergeworfen. Zahlreiche Jäger gerieten dabei in Gefangenschaft.

Einige Kompanien waren nach 15[00] zusammen mit dem I. Bataillon der britischen 95th Rifles an der vergeblichen Wiedereroberung des Dorfes Piraumont beteiligt und als Plänkler vor Picton´s Division.[5]

Das Jägerbataillon Nr. 36 befand sich in der Division *Chassée*, die Stärke betrug 22 Offiziere nebst 611 Mannschaften.[4] Beim Fanion des 36. Bataillons ist das Dekor auf den Flaggenstoff *gemalt*, beim 27. Bataillon das Hornmotiv mit feinem Silberdraht hingegen kunstvoll auf das Tuch *gestickt*.

Angesichts der aufwendigen Gestaltung handelt es sich sehr wahrscheinlich eher um Bataillons-Fanions als um Markierungsflaggen, wie sie in den Flankenkompanien getragen wurden. Ausgehend vom französischen Reglement, welches für die niederländische Armee nach wie vor Gültigkeit hatte, befand sich das Bataillonsfanion in der 1. Chasseur-Kompanie. Der Träger sollte ein *sergent-major* sein (zeitgenössische Darstellungen von Fanionträgern zeigen als Dienstgrad auch *sergents*) mit zwei Kompanie-Fourieren *(caporaux-fourriers) als* Bedeckung.

In der leichten Kompanie der friesischen Freiwilligen wird als Träger der Kompanieflagge, welche gleichzeitig die Funktion

Jägerbataillone. Fanions und ihre Träger

1: Fanion des 36. Jäger-Bataillons
Ca. 60x60cm.
1a: Trageweise als Bataillons-Fanion durch einen *sergent* oder *sergent-major*, flankiert von zwei *caporaux-fourriers*.

2: Fanion der 27. Jäger
Ca. 60x80cm.

3: Kompanie-Fanion der leichten Flanqueur-Kompanie des Chasseur-Bataillons Nr. 16 („friesische Freiwillige")
Ca. 40x40cm. 3a: Trageweise des Fähnchens durch den Fourier. Im Hintergrund des 1815 angefertigten Ölportaits eines Korporals der friesischen Freiwilligenkompanie wird der Träger der Kompanieflagge gezeigt. Das Fähnchen steckt im Gewehrlauf die Farben entsprechen dem Dunkelgrün und Gelb des Jägerrockes.
Beim erhaltenen Original [Fotos bei Martin Wijnk[6]] sind das ursprünglich einmal vorhandene Gelb sowie die Färbung der ehemals dunkelgrünen Buchstaben inzwischen völlig weggeblichen. Von dem färbetechnisch aus Blau und einer gelben Überfärbung erzeugten Grün der Textilflächen ist nurmehr das sehr beständige dunkle Indigoblau erhalten Die kleine Flagge, welche sich heute im Frisenmuseum im holländischen Leeuwarden befindet, ist aus Zwillich oder Tuch. Die Buchstaben wurden, soweit sich noch anhand der verbliebenen Beschriftungsfragmente erkennen läßt, offensichtlich gestickt.

4: Sergent-major einer Zentrumskompanie, Jäger-Bataillon Nr. 36
Fouriere und Feldwebel tragen das Gewehr in der Armbeuge.

5: Sergent-major, Zentrumskompanie, 27. Jäger-Bataillon
Nach dem französischen Reglement wird das Bataillons-Fanion in der 1. Kompanie getragen.

6: Caporal-fourrier, leichte Flankenkompanie, 27./ 16. Jäger
Der Tornister ist das französische Modell, die Feldflasche dagegen britischen Ursprungs.

des linken Flügelrichtungsfähnchens im Bataillon hat, der *caporal-fourrier* van Schelle bezeichnet [im Hintergrund einer Farblithographie, welche nach dem Portrait des *caporal* Robert van Breugel angefertigt wurde].[6] Dass gerade der Fourier der Träger des Markierungsfähnchens ist, ergibt sich aus der Aufstellung der leichten Kompanie am linken Flügel der Bataillonslinie. Hier steht der *caporal-fourrier* gemäß dem Reglement als äusserer Unteroffizier hinter den Gliedern auf der Höhe der Reihenschließer.

7. (belgisches) Linien-Bataillon, Waterloo

Das Bataillon ist am 18. Juni fast den ganzen Tag hinter der Straße nach Ohain, nordöstlich von La Haye Sainte, postiert. Am frühen Nachmittag erfolgt die massierte französische Angriffswelle mit in Bataillonsbreite dicht gestaffelten Regimentskolonnen. Eine der Kolonnen marschiert direkt auf die Position des 7. Bataillons zu, welches eine Salve abgibt, nachdem ihr retirierender Schützenschwarm sich hinter die Bataillonslinie zurückgezogen hat. Auch die nebenan postierten Briten feuern in die französische Infanteriemasse.

Währenddessen macht die angreifende Kolonne Halt, um sich zur Linie auseinanderzuziehen. *"Einige Eskadrons der englischen Garde, welche hinter uns postiert waren, kamen von hinten an den Flanken des Bataillons durch unsere Linie"* (welche 2 Glieder tief stand). *"Die Franzosen vor uns hatten keine Chance sich zur Wehr zu setzen, da sie gerade aus der Kolonne deployierten, sie warfen ihre Gewehre von sich.*

Während die Infanterie Pictons die Franzosen an der Flanke attackierte und die Reiter sie von hinten umfassten, gingen auch wir über die Straße hinweg vor. Es war das 105. Regiment. Die Engländer hatten deren Adler, wir die Fanions." Nach Erinnerungen von Scheltens, Offizier im Bataillon.[7]

Der Rapport der 2. niederländischen Division bestätigt, dass bei besagtem Angriff *"die niederländischen Truppen"* zwei Fanions eroberten.

Fahnenträger der Linien-Infanterie mit dem neuen Fahnenmuster, ausgegeben ab 1818

Aus: Beschrijving Hoedanig de Koninklijke Nederlandsche Troepen. J.F. Teupken. Gravenhage, Amsterdam 1823. Uniformserie von Teupken über die Holländische Armee 1815-1823.

[Kunstbibliothek Berlin] Foto: Markus Stein.

Abbildung links:

Bis auf die Gestalt des Tschakoblechs entspricht die Uniform der im Feldzug 1815 getragenen Montur holländischer Linien-Infanterie-Offiziere. Der Tschako ist vom österreichischen Typ mit Nackenschirm, welchen die im Nordteil des Königreichs aufgestellten Bataillone erhielten. Die Offiziere der belgischen Truppenteile unterschieden sich durch den britischen Tschakotyp (siehe Abb.-Seite rechts). Die einzelne, auf der rechten Schulter befindliche Epaulette mit dünnen Fransen bezeichnet den Rang eines Leutnants. Die Schärpe ist orangefarben.

1) nach van Roo
2) Pawly/Courcelle
3) Journal of the Waterloo Campaign, S. 197
4) Wenzlik, Waterloo. Der Feldzug von 1815
5) Hamilton-Williams, S. 202f
6) Martijn Wink: La compagnie volontaires de Frise.
7) Coppens/Courcelle: Les Carnets...N°2, S. 32f

Jägerbataillone. Fanions und ihre Träger

Tschakos und Tschakogarnituren

7: Tschakoabzeichen der Jägerbataillone. 8: Tschakotyp der belgischen Truppenteile (britisches Muster 1812). 8a: Garnitur der leichten, 8c der schweren Flanqueur-Kompanie. 8b: Tschakogarnitur der Zentrumskompanien. Auch rote Kordons für schwere Flanqueurs sowie golddurchwirkte Kordons für sergents und fourriers können getragen worden sein.

12: Österreichischer Tschakotyp der nordholländischen Truppen. Dieses Modell hatte keine Kordons.

Hinsichtlich der 1815 tatsächlich getragenen Uniformierung existieren etliche Unklarheiten, da im letzten Krieg ein beträchtlicher Teil der militärgeschichtlichen Archive zerstört wurde.

Unteroffiziersdienstgrade

Die Unteroffiziere vom caporal bis zum sergent-major unterschieden sich von den Gemeinen lediglich durch die auf beiden Ärmeln angebrachten Abzeichen und den französischen Infanteriesäbel. Anstelle der Winkel (chevrons) werden manchmal Schrägstreifen nach französischer Art gezeigt. Der Faustriemen der Korporale war weiß, der der anderen Unteroffiziersränge silbern. Die Abzeichenfarbe der Jäger war gelb, ihr Rockschnitt identisch mit dem der englischen Linien-Infanterie. Bewaffnung der Chasseurs waren französische Musketen verschiedener Art, u.a. Dragonerkarabiner.

9: Caporal-fourrier, Flanqueurkompanie. 10: Sergent-major, Flanqueurkompanie.

11: Sergent. Der Mantel französischen Typs wurde 1815 bei Waterloo von der gesamten niederländischen Infanterie, während des größten Teils des Tages, getragen. Dienstgradabzeichen genauso wie am Uniformrock.

13: Sergent, 7. Linien-Bataillon.

Weißer Stutz und Behang sowie die einfachen Schulterklappen sind kennzeichnend für die Angehörigen der vier Zentrumskompanien.

Die Montur der Linien-Infanterie war, abgesehen von der blauen Rockfarbe, weißen Abzeichen und dem Tschakoblech, identisch mit der Uniform der Jäger.

13a: Schulterwulst für Angehörige der Flügel-Kompanien.

13b: Rangwinkel für den *sergent-major* und (darunter) für den *caporal*. Das Gewehr war die englische Muskete.

Fahnen-Mittelfelder
Infanterie-Regiment Nr. 7
(2. Westpreußisches)

Die Fahnen stammen vom Regiment zu Fuß Nr. 8. aus friderizianischer Zeit.

Das I. Bataillon führte dessen Leibfahne (weiß mit schwarzem Flammenkreuz, Form wie *Abb. 5 und 6 auf Bildtafel rechts)*. Das II. Bataillon trug eine der Kompaniefahnen (Flammenkreuz weiß auf schwarzem Feld). Bekränzungen und Ecknamenszüge golden.

Bei schwarzem Hintergrund im Mittelfeld war der Adler in der Metallfarbe aufgemalt.

Links.: Fahne I. Bataillon.
Rechts: Fahne II. Bataillon.

DIE KÖNIGLICH PREUSSISCHE ARMEE

In den Kampfhandlungen am 16. und 18. Juni 1815 verlor die preußische Armee keines ihrer Feldzeichen an den Feind.

Bei der Mobilmachung 1815 teilte die Heeresführung die Truppen in sechs Armeekorps ein. Vier davon bildeten die *"Armee am Niederrhein"* unter dem Oberbefehl des Feldmarschalls Fürst Blücher von Wahlstatt. Eine zusätzliche Reserve wurde aus den Garden gebildet. Dieses VII. Armeekorps wurde am 1. Juni umbenannt in *Garde- und Grenadierkorps*. An der Schlacht bei Ligny waren lediglich die Armeekorps Nr. I, II und III beteiligt. Das IV. Korps führte am 18. Juni den entscheidenden Stoß über Plancenoit aus. Während das V. Armeekorps die Grenze gar nicht überschritt, trafen das VI. Korps und die Garden erst nach der Schlacht bei Waterloo in Frankreich ein.

Der Feldzug wurde zu einem nicht geringen Teil mit zusammengewürfelten und unerfahreren Truppen geführt, die im Rahmen der Heeresreform eingeleiteten Umstrukturierungen und Neuerungen waren bei Einsetzen der Mobilisierung noch in vollem Gange. Im März waren etliche Truppenteile der Kavallerie neu formiert worden. Bei der Infanterie waren durch Umbenennungen die Regimenter Nr. 13-31 entstanden. Neu zusammengestellte Verbände setzten sich zusammen aus ehemaliger Reserve-Infanterie, den Freikorps, der Russisch-Deutschen Legion, sowie aus Soldaten jener Gebiete des Rheinlands und Westfalens, welche erst kürzlich an Preußen gefallen waren. Zur Armee vom Niederrhein gehörten zudem erhebliche Kontingente der Landwehr. Freiwillige Jäger sollten bei jedem Regiment eine zusätzliche Kompanie bilden.

Unübersichtlich stellt sich zunächst auch die Situation hinsichtlich der von den preußischen Truppen geführten Fahnen und Standarten dar. Schon 1814 und noch direkt vor dem Feldzug 1815 wurden von Seiten des Königs zahlreiche Verfügungen getroffenen, welche die Anfertigung und Verleihungen von Feldzeichen an die neugebildeten Regimenter bestimmten. Aufgrund der eintretenen Umstände wurde deren Ausführung überwiegend erst nach dem Ende des Feldzuges möglich. Ein großer Teil der preußischen Truppen führte während der Kampfhandlungen 1815 demzufolge gar keine Feldzeichen.

Die preußischen Fahnen hatten sich seit der Zeit Friedrichs des Großen nicht wesentlich verändert. Die Fahne einer Truppe wurde erst erneuert, wenn vom Tuch nurmehr einige kümmerliche Fetzen geblieben waren, oder um den ehrenhaften Verlust im Kampf zu ersetzen. Der König vertrat die Ansicht, dass die Fahne umso mehr ein Symbol für die Tapferkeit der sie führenden Truppe sei, je mehr man ihr den Einsatz auf dem Schlachtfeld ansehen könne. Seit der Herrschaft Friedrichs II. war die Anzahl der Feldzeichen, welche ein Regiment führen sollte, mit der Erneuerung der Vorschriften und Reglements stetig weiter verringert worden. Die überzähligen Fahnen und Standarten wurden in dem für die Garnison der betreffenden Truppe zuständigen Zeughaus oder einer Festung abgelegt. Aus diesen Beständen waren, abgesehen von wenigen Neuanfertigungen, die am besten erhaltenen Feldzeichen entnommen und den ab 1808 errichteten Truppenteilen verliehen worden.

Somit hatte ein Großteil der 1815 geführten Infanteriefahnen ein Alter von mehr als 50 Jahren und in dieser Zeit zahlreiche Feldzüge und Kampfhandlungen überstanden. Von den Fahnen des 1. Pommerschen Infanterie-Regiments heißt es 1809: *"überhaupt bestehen die Fahnen dieses Regiments schon seit mehr als zwanzig Jahren aus bloßen Stangen"*. Auch beim 1. und 2. Schlesischen Infanterie-Regiment waren die Feldzeichen *"in dergestalt schlechtem Zustande, daß davon weiter nichts mehr als die bloßen Stangen vorhanden sind"*.[1] Die Kavallerie führte Standarten, welche teilweise noch aus der Zeit Friedrich Wilhelms I. stammten und von denen die ältesten inzwischen etwa 100 Jahre lang in Gebrauch waren!

Fahnen der Infanterie

Infanterie-Regimenter bestanden aus je zwei Musketier-Bataillonen und einem Bataillon Füsiliere. Mit der A.K.O. *(Allerhöchste Kabinetts-Ordre)* vom 20.8.1814 wurde den Musketier-Bataillonen nur noch je eine einzige Fahne gestattet, die Überzähligen waren an die Zeughäuser zurückzuüberweisen. Den Füsilieren gestattete der König bereits mit Ordre vom 28.9.1814 das Führen einer Fahne. Tatsächlich sollten die Füsilierbataillone die ihnen zugedachten Feldzeichen jedoch erst nach dem Ende des Feldzuges erhalten.

Ab 1810 waren erstmals wieder neu angefertigte Fahnen ausgegeben worden. Anstelle der bisher regimentsweise verschiedenfarbigen Fahnentücher sollte es nach dem Entwurf des Königs zukünftig ein allgemeines Fahnenmuster für die gesamte Linien-Infanterie geben. Die dann ab Oktober 1815 an die Regimenter Nr. 12-32 ausgegebenen 57 Fahnen entsprachen für alle Bataillone dem einheitlichen neuen Muster mit schwarz-

1) *Geschichte der Kgl. Preuß. Fahnen u. Standarten Bd. II, S. 16-18*

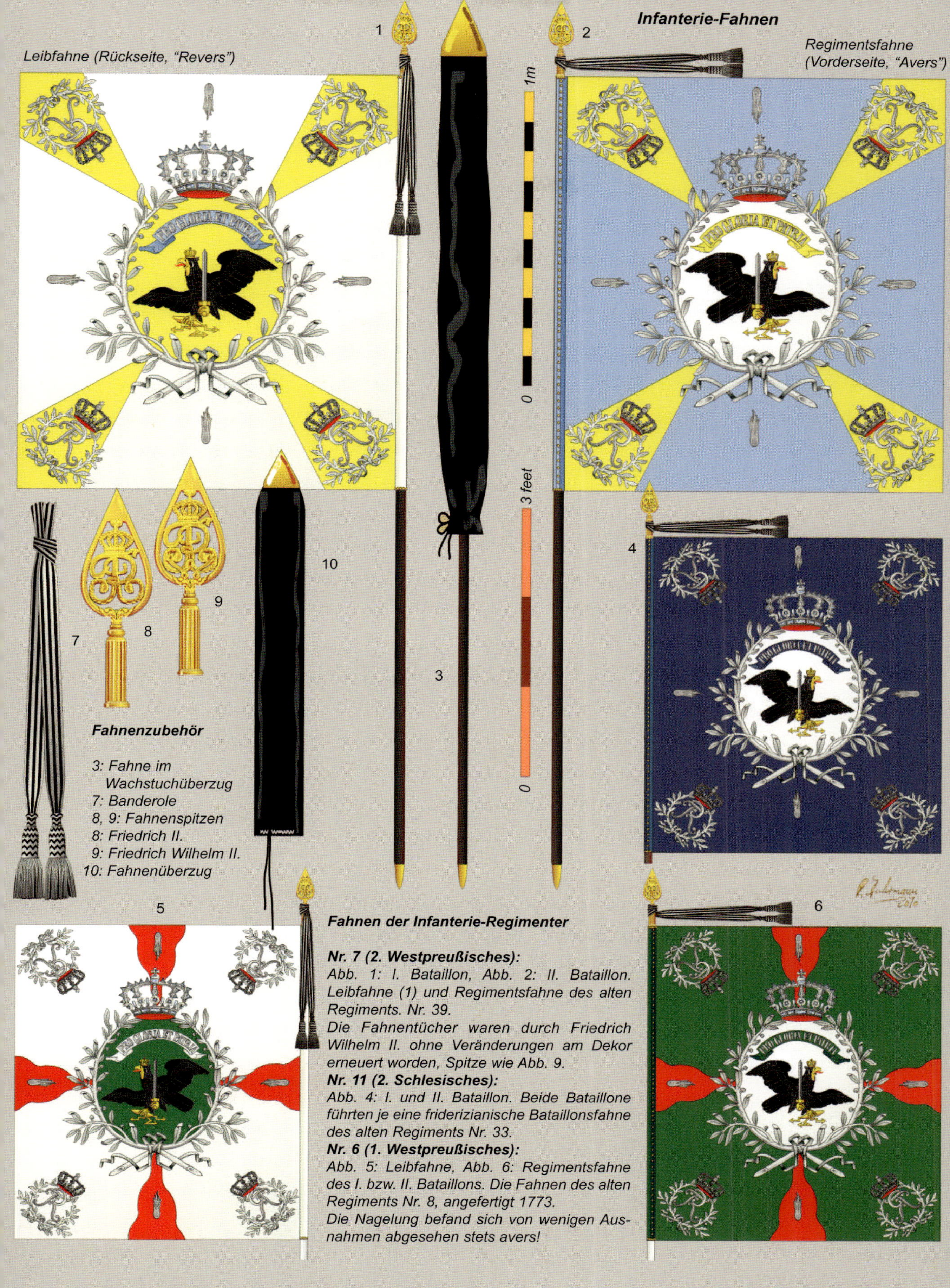

Fahnenzubehör

3: Fahne im Wachstuchüberzug
7: Banderole
8, 9: Fahnenspitzen
8: Friedrich II.
9: Friedrich Wilhelm II.
10: Fahnenüberzug

Fahnen der Infanterie-Regimenter

Nr. 7 (2. Westpreußisches):
Abb. 1: I. Bataillon, Abb. 2: II. Bataillon. Leibfahne (1) und Regimentsfahne des alten Regiments. Nr. 39.
Die Fahnentücher waren durch Friedrich Wilhelm II. ohne Veränderungen am Dekor erneuert worden, Spitze wie Abb. 9.
Nr. 11 (2. Schlesisches):
Abb. 4: I. und II. Bataillon. Beide Bataillone führten je eine friderizianische Bataillonsfahne des alten Regiments Nr. 33.
Nr. 6 (1. Westpreußisches):
Abb. 5: Leibfahne, Abb. 6: Regimentsfahne des I. bzw. II. Bataillons. Die Fahnen des alten Regiments Nr. 8, angefertigt 1773.
Die Nagelung befand sich von wenigen Ausnahmen abgesehen stets avers!

weißem Fahnentuch. Auch für die neu errichteten Grenadier-Regimenter, für die Infanterie der Garde und für die Landwehr waren ähnliche eigene Fahnenmuster vorgesehen.

Obgleich den Infanterie-Regimentern Nr. 12-26 durch A.K.O. bereits 1814 die Fahnen förmlich verliehen, und im April 1814 schon sechs neue durch den König in Auftrag gegebene Fahnen angefertigt worden waren, erhielt die Truppe diese tatsächlich erst ab Oktober 1815.[2] Auf dem Marsfeld zu Paris wurden am 3. September 1815 an die dort noch liegenden Truppen 10 neue Fahnen genagelt, geweiht und übergeben.[3] An die Regimenter Nr. 27-32 wurden die Fahnen überhaupt erst mit Ordres von Oktober und Dezember 1815 förmlich verliehen.

Kosten (ohne Pfennigbeträge)
1 Reichstaler=24 Groschen
Quellen: Kling, Band I, S. 114
Geschichte der Kgl. Preuß. Fahnen u. Standarten I, S. 35f

	Taler	Gr.
Seidenstoff ("Gros de Tour")	8	13
Malen und Nähen des Fahnentuchs	23	4
Banderole silber und schwarz	5	-
Spitze, vergoldet	5	-
Messingschuh	1/2	-
Stange	1	8
1 Elle weiße Nagel-Schnur	-	2 1/2
1 Elle schwarze Nagel-Schnur	-	3
50 Nägel	1/2	-
Fahnen-Überzug	1	6
Seide für Linien-Infanterie-Fahne, 1 Elle ca.	1 1/3	-
Seide für Linien-Kavallerie, pro Elle	2	-
Fahne gesamt, mit Zubehör, ca.	45	-
Feldflagge 1805	1	3
Standartenstange mit Spitze und Schuh	17	-
Standartenträgerbandelier mit Goldtresse	22	11
Standartenträgerbandelier mit Silbertresse	16	4
Zum Vergleich: der friedensmäßige Monatssold *[Schmidt /Noon, Prussian Regular Infantryman S. 15]*		
Gemeiner der Garde-Infanterie	3	3
Gemeiner der Linien-Infanterie	2	-
Korporal der Linien-Infanterie	3	12
Sergeant der Linien-Infanterie	4	12
Feldwebel der Linien-Infanterie	6	12

Jäger- und Schützen

Als Truppe, welche bevorzugt in kleinen Gruppen und im zerstreuten Gefecht eingesetzt wurde, führten die Jäger- und Schützen-Bataillone keine Feldzeichen. In Anbetracht ihrer Verdienste während der Befreiungskriege verlieh Friedrich Wilhelm III. auch den Jägern und Schützen Fahnen. Mit der Bestimmung vom 5.12.1814 erhielten die Garde-Jäger, das Ostpreußische Jäger-Bataillon und das Schlesische Schützen-Bataillon je eine Fahne. Die Feldzeichen wurden mit A. K. O. vom 15.6.1815 förmlich verliehen, erst nach dem Ende des Feldzuges jedoch tatsächlich übergeben.

Standarten und Fahnen der Kavallerie

Den im März 1815 neu formierten drei Regimentern der Garde-Kavallerie, dem neu aufgestellten Kürassier-Regiment Nr. 4 und den 7. und 8. Dragonern wurden durch Verfügung des Kriegsministeriums vom 21. 4. 1815 Standarten verliehen. Tatsächlich übergeben wurden auch diese Feldzeichen jedoch erst Ende des Jahres 1815 und Anfang 1816.[4] Die Feldzeichen der Dragoner werden 1815 als *Fahnen* bezeichnet, erst seit 1891 auf königlichen Befehl als *Standarten*. Husaren führten keine Feldzeichen, ebensowenig die zur leichten Kavallerie zu rechnenden Ulanen. Aufgrund vorbildlichen Verhaltens bekamen die preußischen Husaren im September 1815 Standarten verliehen, die Ulanen im Oktober. Allein zwei während des Feldzugs 1815 in ihrer Garnison Berlin verbliebene Kavallerie-Regimenter der Garde hatten schon im März 1815 die neuen Standarten ausgehändigt bekommen.

Die Landwehr

Der Landwehr war, wie übrigens auch den Detachements freiwilliger Jäger, untersagt, überhaupt Fahnen zu führen.

"Nicht zu den geringsten Äußerungen des Patriotismus sind die vielfachen Gesuche zu rechnen, in welchen Einzelne wie Vereine um die Erlaubnis baten, der Landwehr und den Jäger-Abteilungen Fahnen geben zu dürfen [...]. Die Heiligkeit der Fahnen verbot jedoch, die Verleihung einem anderen als der "Regierung" zu überlassen, zumal sie nicht mehr lediglich Ausrüstungsstücke der Truppen bildeten, sondern den höchsten Lohn bewiesener Tapferkeit und Treue darstellen sollten".[5]

Der König vertrat den Standpunkt, dass die Berechtigung zum Führen eines Feldzeichens erst durch Tapferkeit vor dem Feind errungen werden könne.

Diejenigen Landwehr-Regimenter, welche sich durch Tapferkeit bewähren würden, sollten nach Ende des Feldzuges Fahnen erhalten (A.K.O. vom 3.6.1814). 1813 waren von Truppenteilen der Landwehr selbst beschaffte oder von privater Seite gestiftete Fahnen geführt worden. Bekamen höhere Stellen der Armee davon Kenntnis, so wurde das Entfernen solcher Feldzeichen verfügt. Der König hielt *"den Gegenstand für zu heilig, als daß Ich gestatten dürfte, daß Frauenzimmer der Landwehr Fahnen geben können. Dies Vorrecht muß einzig der Regierung vorbehalten bleiben".* Gestattet wurde indes, dass Fahnen, welche *"Privatpersonen einzelnen Landwehr-Regimentern gewidmet haben, [...] als Andenken des allgemeinen Eifers für die gute Sache in den Kirchen niedergesetzt und daselbst aufbewahrt werden können".*[6]

Das Königsberger Landwehr-Bataillon verwendete 1813 verschiedenfarbige Flaggen mit unterschiedlichen Mottos für die Kennzeichnung der Kompanien bei Apellen, Märschen, im Lager etc. Die Flaggen, wurden an einer Holzstange im Gewehrlauf getragen, ihr Gebrauch dem Bataillon jedoch schließlich untersagt.[7]

Für 1815 hat der Autor keinerlei Kunde über unvorschriftsmäßig geführte Fahnen oder Flaggen bei Truppenteilen der preußischen Armee.

Feldflaggen

Als Hilfspunkte zur Ausrichtung der Bataillonslinie auf dem Gefechtsfeld wurden Flaggen in der preußischen Armee nicht gebraucht. Zu Orientierungspunkten (im Reglement als *Points* bezeichnet) dienten die Fahne und zwei an den äußeren Flanken der Bataillonslinie befindliche *Flügel-Offiziere "Die Richtungspunkte für das Bataillon sind die Fahnen".*[8] Zur Kennzeichnung der Antreteplätze im Lager verwendete *Feldflaggen* an etwa mannshohen Stangen sind vorschriftsmäßig für die Armee noch 1805 nachzuweisen. Sie waren sowohl bei der Infanterie als auch bei der Kavallerie in Gebrauch und gehörten

2) Geschichte der Kgl. Preuß. Fahnen u. Standarten Bd. II, S. 28
3) Fiebig S. 149
4) Fiebig S. 209
5) Geschichte der Kgl. Preuß. Fahnen u. Standarten Bd. I, S. 15
6) Geschichte der Kgl. Preuß. Fahnen u. Standarten Bd. II, S. 25, 28
7) Zeitschrift für Heereskunde Nr. 11/1929
8) Exerzir-Reglement für Infanteri der Kgl. Preuß. Armee 1812, S. 56

Die Feldzeichen in den taktischen Aufstellungen

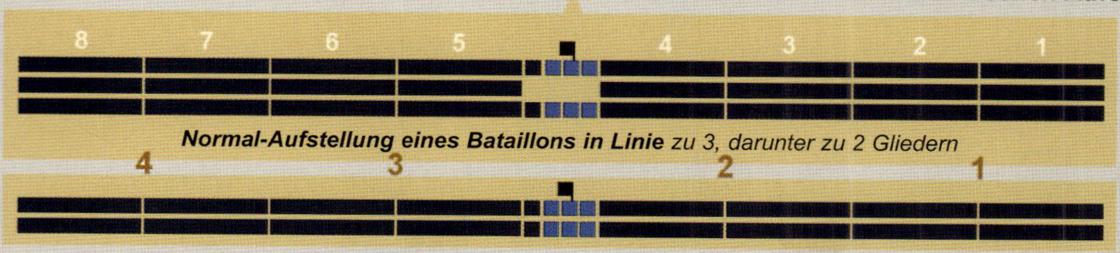

8 7 6 5 4 3 2 1

Normal-Aufstellung eines Bataillons in Linie zu 3, darunter zu 2 Gliedern

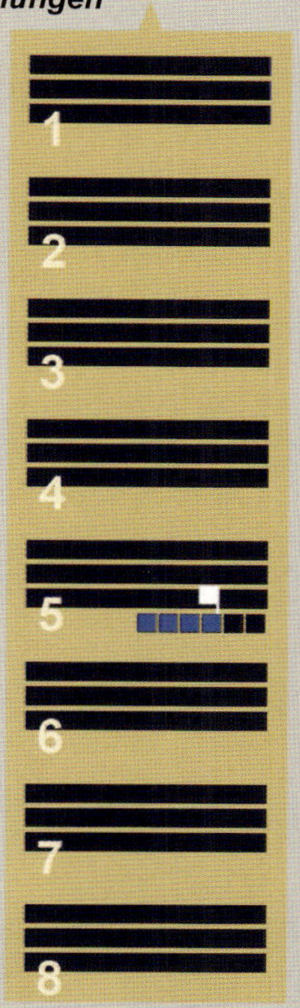

4 3 2 1

Die Kompanien Nr. 1-4 sind in je zwei Züge geteilt. In der Aufstellung zu zwei Gliedern Tiefe ist das dritte Glied zum zerstreuten Gefecht vorgezogen.
Im ersten Glied schließt links neben den Fahnen-Unteroffizieren FFF der Kapitän (Hauptmann) K von Zug Nr. 5 an.
Die hinter dem 3. Glied stehenden Dienstgrade sind im Abb.-Schema nicht berücksichtigt.

Rechts: **Abmarsch in Kolonne**

Die Marschkolonne in Zugbreite wurde aus dem in Linie angetretenen Bataillon gebildet.

Die "geschlossene Zugkolonne" war keine Formation für den Angriff, sie diente zur Vorwärtsbewegung im Gelände.

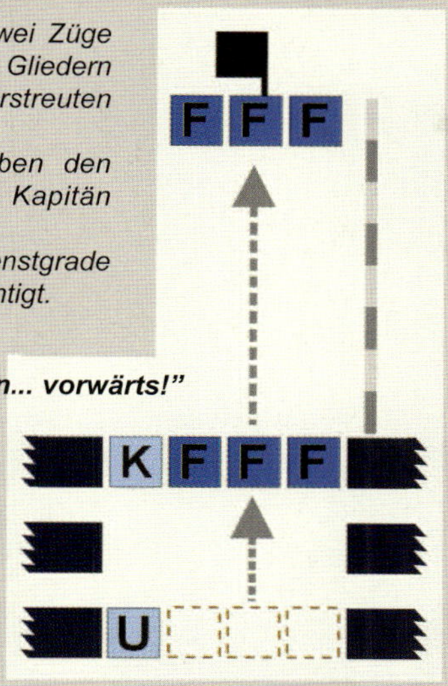

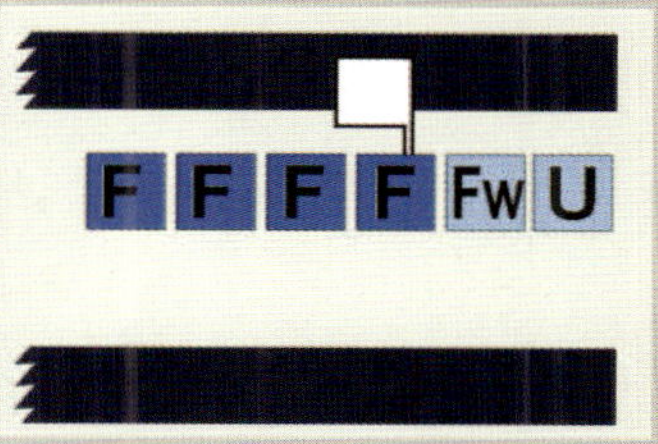

"Bataillon vorwärts!" Erhält das in Linie aufgestellte Bataillon den Befehl zum Avancieren, treten die Fahnenunteroffiziere (FFF, FFF) auf der Marschrichtungslinie vor (die vorderen gehen zusammen mit dem Fahnenträger 8 Schritt vor die Linie, die hinteren auf den freigewordenen Platz ins vordere Glied). Beim Befehl "Bataillon - Halt!" werden die vorherigen Plätze wieder eingenommen.

Unten links: **Geschlossene Angriffskolonne nach der Mitte**.
Die Züge sind dicht hintereinander aufgeschlossen.

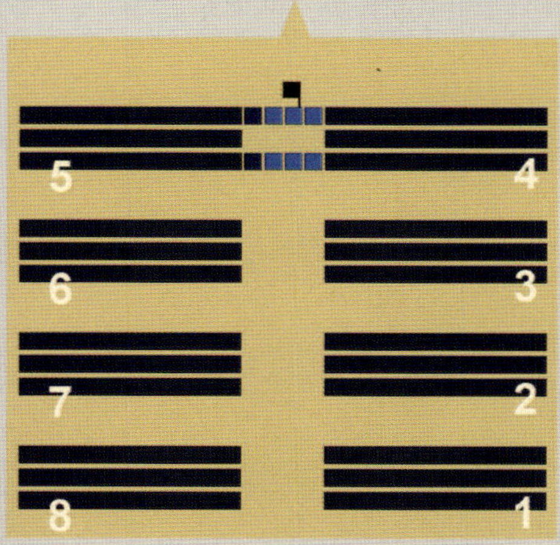

Unten: **Formationen der Kavallerie: Attacke, Sammeltrupp**
Bei der Attacke mit auseinandergezogener Linie in kurzem Galopp und ohne feste Ordnung ("Marsch! Auseinander!") folgt die Standarte mit einem kleinen Trupp "in mäßiger Entfernung", um beim Signal "Appell" als Sammelpunkt zu dienen. Zum Sammeltrupp gehören der Eskadronschef und zwei Trompeter.

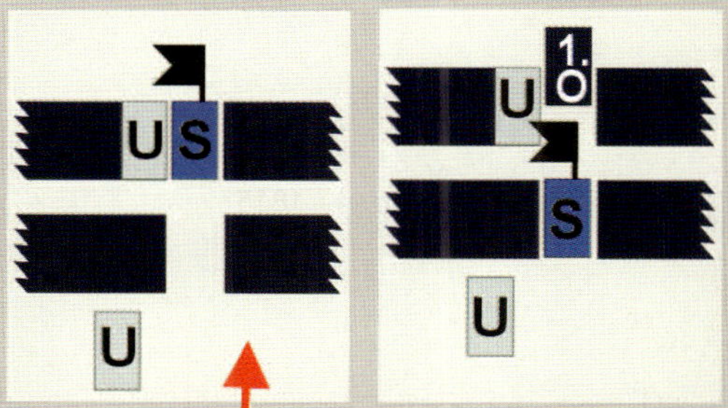

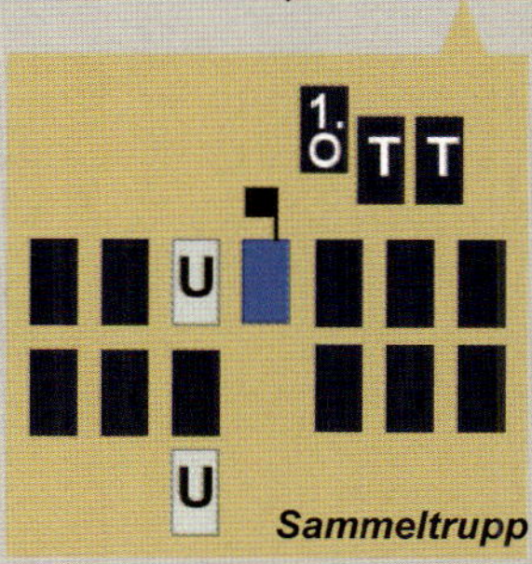

"Marsch in Front": Eskadron (4 Züge) in Linie zur Attacke

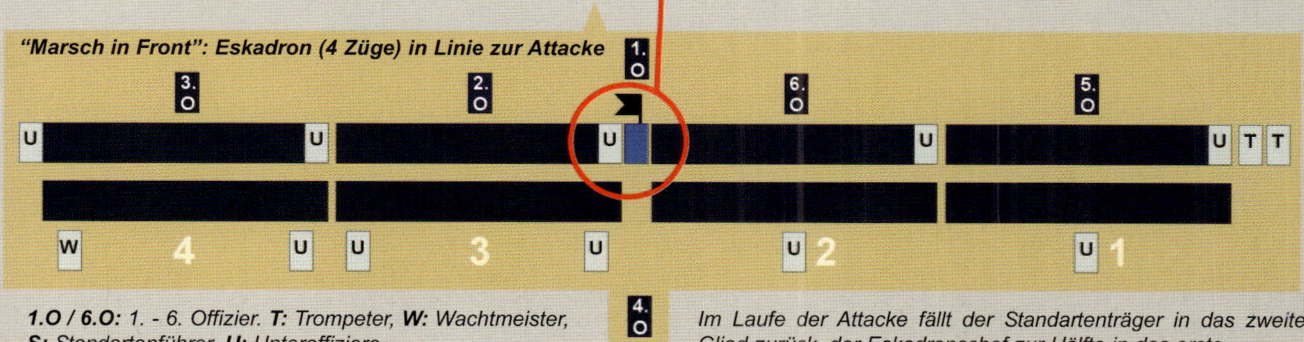

1.O / 6.O: 1. - 6. Offizier. **T:** Trompeter, **W:** Wachtmeister, **S:** Standartenführer, **U:** Unteroffiziere

Im Laufe der Attacke fällt der Standartenträger in das zweite Glied zurück, der Eskadronschef zur Hälfte in das erste.

Fahnenträger und Fahnen-Unteroffiziere
Nr. 2
Nr. 6
Nr. 7
Nr. 8
Nr. 9
Nr. 10
Nr. 11
11
1
Nr. 25
Freiw. Jäger
Nr. 23, ehemalige
Lützower Infanterie
Oben:
Das Kennfarbenschema zeigt die Kragen und Aufschläge der Gemeinen (für Unteroffiziere goldene Litzen).
2
2a
2b
2c
3
3a
3b
3c
4
4a
4b
1: Regimentskennfarben
1: Die in der Armee vom Niederrhein befindlichen Regimenter der Linien-Infanterie, sowie die Uniformerung der Regimenter Nr. 23 (siehe S. 71) und Nr. 25 (siehe S. 68).
2: Musketier-Unteroffiziere, Uniformierung
2a Portepee der Feldwebel.
2b: Säbeltroddel der Unteroffiziere.
2c: Deckelbeschlag der kleinen Unteroffizierskartusche.
Im Feld waren Stiefel erlaubt, sofern sie von allen Unteroffizieren im Regiment getragen wurden (Figuren 4a, 4b).
3: Ehrenzeichen
3a: Eisernes Kreuz I. Klasse,
3b: EK II. Klasse.
3c: Kriegsdenkmünze 1813/14
4: Fahnen-Unteroffiziere
Die Unteroffiziere der Fahnensektion hielten das Gewehr stets im rechten Arm (Figur 4a), auch wenn das ganze Bataillon feuerte.
Die seit März 1815 vorschriftsmäßigen Uniformen mit geschlossenen Kragen wurden bereits von einigen der noch im Juni eingetroffenen Ersatzmannschaften getragen (s.o.). So war im 25. Infanterie-Regiment ein Teil der freiwilligen Jäger schon mit neuen Uniformen.ausgestattet.
4b: Fahne “aufgenommen”

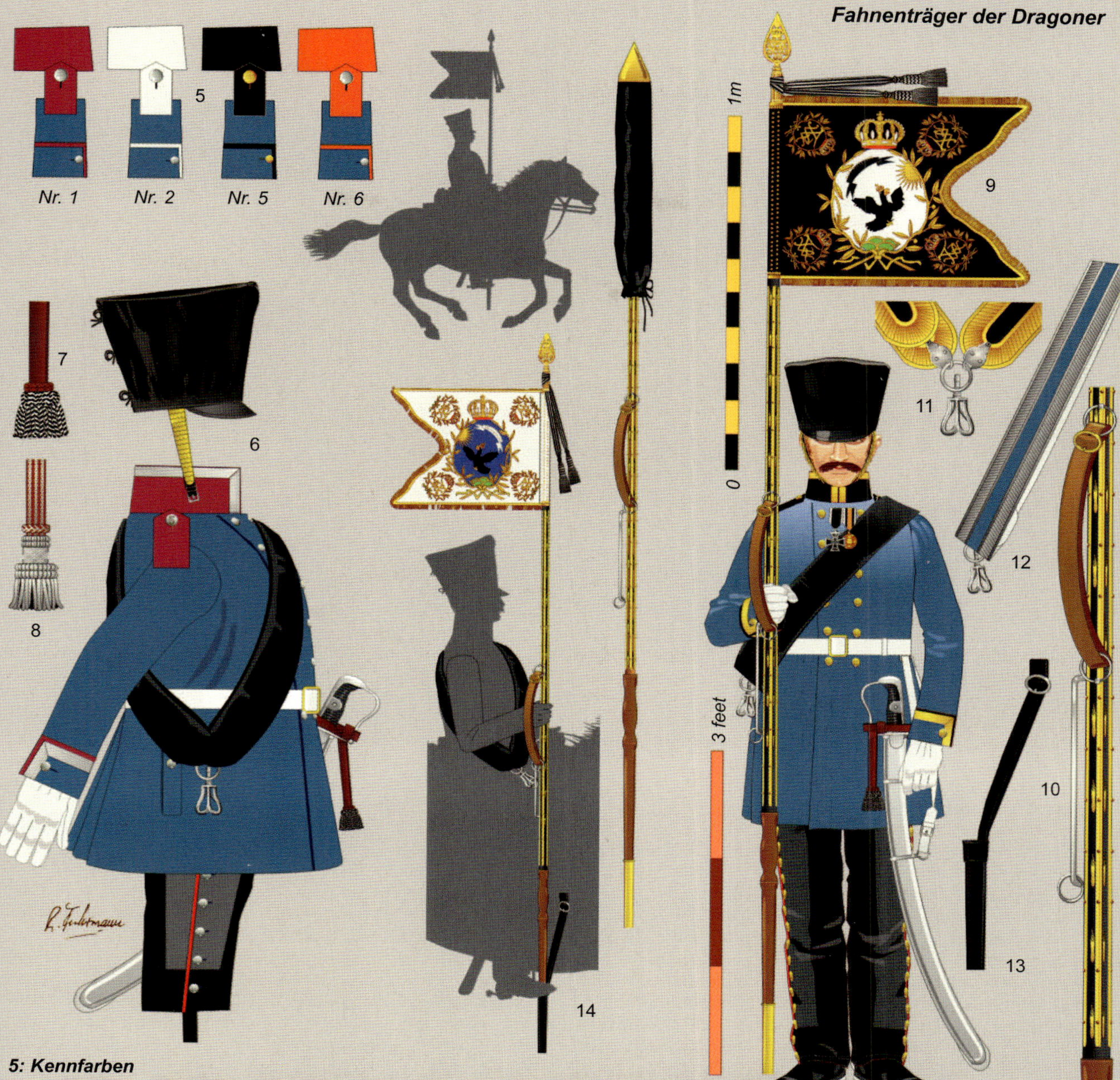

5: Kennfarben

6: Fahnenträger-Unteroffizier
Die Unteroffizierstresse richtete sich nach dem Metall der Knöpfe. Unteroffiziere der Kavallerie tragen wie bei den Fußtruppen stets weiße Lederhandschuhe.

7: Unteroffiziersquaste, 8: Portepee

9: Standartenträger, Brandenburgische Dragoner (Nr. 5)
Führte eine Regimentsfstandarte des ehemaligen Regiments Königin. Die Brandenburgischen Dragoner gehörten zur Reservekavallerie des I. Korps. Bei Issy am 2.7.1815 wurde die Standartenstange im unteren Teil der Reifelung zerschossen [Fiebig S. 208, 261]. Abb. 13: Standartenbandelier.

10: Standartenstange
Die Stange folgt dem Muster, das mit kleineren Abweichungen schon im 18. Jh. allgemein bei der preußischen Kavallerie in Gebrauch war. Die Stangenfarbe entspricht in der Regel der Grundfarbe des Tuchs. Zwischen den sechs Metallreifen sind kleine Granaten-Embleme aufgemalt. Lederner Armriemen.

11, 12: Standartenträger-Bandeliers
Das Bandelier der Standartenträger bestand aus weißem Leder. Hinsichtlich der tatsächlichen Farbzusammenstellungen der Bandelierbesätze gibt es kaum gesicherte Erkenntnisse. Zwar existierte keine diesbezügliche Vorschrift, doch richtete sich der Tressenbesatz für gewöhnlich schon früher nach den Knöpfen, der Samtstreifen dazwischen nach der Kragenfarbe des Regiments. Auch kornblumenblauer Samt soll bei den Dragonern vorgekommen sein. Zum gewöhnlichen Dienst und im Feld wurde das Bandelier durch einen Wachsleinen-Überzug geschützt. Die Neumärkischen Dragoner hatten 1809 "zwei neue Standartenbandoliere mit silbernen Tressen" überwiesen bekommen, der Samtstreifen wird für wesentlich später als 1815 mit rosarot angegeben. [Geschichte der Kgl. Preuß. Fahnen u. Standarten Bd. II, S. 19 und S. 116].

13: Lederhülse zum Einsetzen des Fahnenfußes
*Die Tragevorrichtung der Kavalleriefeldzeichen war am Sattel befestigt (siehe **Abb.14**).*

wie Wagen, Kompaniewerkzeuge und Kochkessel zur *Feldequipage*. Für 1815 konnte der Verfasser das vorschriftsmäßige Vorhandensein solcher Flaggen nicht feststellen.

Anfertigung und Materialien

Ursprünglich hätten alle neu gestifteten Feldzeichen der Truppe bereits am Jahrestag der Schlacht von Leipzig im Oktober 1814 überreicht werden sollen. Dass die schon seit 1813 förmlich verliehenen Fahnen zum großen Teil erst lange nach dem Feldzug 1815 an die Regimenter gelangten, war durch mehrere ungünstige Umstände begründet: Das Privileg für die Anfertigung aller Fahnen der preußischen Armee besaß die Werkstatt des Kunstmalers E. Reichenstein in Berlin. Er allein vermochte allerdings die Vielzahl der zunehmend eingehenden Fahnenbestellungen nicht mehr zu bewältigen, weitere Künstler mußten zu den Arbeiten herangezogen wurden. Ein Zerwürfnis zwischen Reichenstein und dem Kriegsministerium, führte dazu, dass ihm die Fahnenherstellung ganz entzogen wurde. Die Zuständigkeit für die Anfertigung und Verteilung der Feldzeichen an die Truppenteile oblag dem Kriegsrat Mügge, welcher 1815 schwer erkrankte. Weitere Verzögerungen führte Friedrich Wilhelm selbst herbei, indem er durch ständige Änderungswünsche immer wieder Abbestellungen bereits in Auftrag gegebener Stücke verursachte. Jedes fertig bemalte Fahnentuch wurde erst vom König selber abgenommen, bevor es an die Truppe verschickt werden durfte.[9]

"Dieses hohe Ehrenzeichen des 2t Bataillons 2t Westpreussischen Inf-Regmts wurde durch drey Feindliche Kugeln am 16 Juny 1815 in den Gefecht bei Ligny zerschmettert."
"Um die Erhaltung dieser Fahne die bei dem erwahnten Tage vom Feinde angetastet wurde, haben sich vorzüglich verdint gemacht der Portepée Fähnrich Schulze und die Musquetiere Schwenki und Butzke."

Beschriftung auf zwei Messing-Schaftringen an der Fahnenstange des II. Bataillons, 2. Westpreußisches Infanterie-Regiment,

Fahnen: Gestaltung und Embleme

Jedes mit Feldzeichen ausgestattete Infanterie-Regiment führte nach dem Reglement 1812 vier Fahnen, zwei im I. und zwei im II. Bataillon. Die im vorderen Glied der Linienaufstellung des I. Bataillons stehende Fahne wurde als *Leibfahne* bezeichnet. Ihr Aussehen unterschied sich von dem der drei anderen Fahnen, welche untereinander identisch aussahen und als *Regiments-* oder *Bataillonsfahnen* bezeichnet wurden (Abbildungen S. 61). Die bei der Linienaufstellung im ersten Glied jedes Bataillons stehende Fahne galt als dessen Avancierfahne (*avancieren* = vorgehen), die im hinteren Glied marschierende Fahne als *Retirierfahne (retirieren = zurückgehen)*. Wurde beim Retirieren der Bataillonslinie durch Kehrtmachen auf der Stelle die Rückwärtsrichtung eingenommen, stand nun diese Fahne in der neuen Frontlinie. Mit A.K.O. vom 1. Juli 1813 war von den beiden Feldzeichen jedes Bataillons vor dem Ausmarsch ins Feld eines in einer Festung zurückzulassen. Auf dem Gefechtsfeld führte 1815 jedes Bataillon somit nur noch eine einzige Fahne.

Die Blätter der Infanteriefahnen bestanden aus einlagigem Seidentaft (*Gros de Tours*). Keile, Flammen und das Zentrum des Mittelfeldes wurden aus andersfarbigen Seidenstücken zugeschnitten. Lorbeerkränze, Krone, Adler und Schriftband waren mit Ölfarben aufgemalt. Da beim einlagigen Seidengewebe das Öl der Malerei zur Rückseite durchschlug, waren je zwei der vier Ecknamenszüge spiegelverkehrt angelegt, so dass sie auf beiden Seiten des Blattes deckungsgleich aufeinander lagen. Bei den im 18. Jh. angefertigten Fahnen konnten die Abmessungen des Fahnentuchs etwas schwanken. Obwohl die Gestalt des aufgemalten Dekors weitgehend einer vorgegebenen Norm entsprach, kamen aufgrund der Bearbeitung durch verschiedene Künstler auch hier kleinere Abweichungen vor. Fahnen, welche während der Regierungszeit Friedrichs des II. an die Truppe gelangten, trugen als Namenszug FR, *(Fridericus Rex)* und im Spruchband das Motto "PRO GLORIA ET PATRIA" *(Für Ruhm und Vaterland)*. Die an das Infanterie-Regiment Nr. 7 verliehenen Fahnen vom alten Regiment Nr. 39 gehörten zu den wenigen Feldzeichen, welche nachweislich unter Friedrich Wilhelm II. erneuert worden waren. Beim Ersatz hatte der Nachfolger Friedrichs des Großen dessen Fahnenmuster ohne Änderungen übernommen.[10] Ob sich die Stangenfarben 1815 noch an den alten Vorgaben orientierten, ist in vielen Fällen nicht mehr bekannt. Vermutlich waren bei den Linien-Regimentern ein dunkles Braun oder Schwarz vorherrschend, für die 1810 neu ausgegebenen Fahnen war Schwarz befohlen worden.

Die wesentlich kleineren Tücher der Reiterstandarten bestanden aus doppelt gelegter und mit Metallfransen eingefasster, gemusterter Seide *(Seidendamast)*. Ein dazwischen liegendes Blatt aus Leinen oder Wolle verhinderte das Zerschneiden des Materials durch die Metallstickerei. Namenszüge sind seitenrichtig aufgestickt. Die Farben der Stangenanstriche hatten ehemals der Grundfarbe der Tücher entsprochen. Bei dem für die Beschläge verwendeten Metall richtete man sich nach den Fransen. Welche Standarten mit der Verteilung aus den alten Beständen tatsächlich an die Regimenter gelangten, ist nicht in allen Fällen zweifelsfrei festzustellen.

An den ab 1809 neu ausgegebenen Standartenbandeliers waren aus Gründen der Kostenersparnis die bei den älteren Stücken vorhandenen Fransen nicht mehr angebracht. Ersatz wurde geliefert, wenn ein Bandelier *"durch langen Gebrauch abgenutzt und unbrauchbar geworden"* oder verloren gegangen war. Zu jedem Bandelier wurde *"zur Konservation der Standartenriemе"* ein schwarzer wachsleinener Überzug geliefert, mit einem Futter von weißem Flanell.[11]

Das Fahnentuch wurde bei Gefechtsbeginn entrollt, auf dem Marsch oder im Lager aber um die Stange gewickelt und mit dem Wachstuchüberzug verhüllt. Die 4cm breite schwarz-silberne Banderole war für Fahnen und Standarten identisch. 1814 hatte der König eine Fahnenspitze mit dem Eisernen Kreuz gestiftet, welche als Auszeichnung alle jene Feldzeichen erhalten sollten, die im Krieg 1813/14 wirklich mitgeführt worden waren. Dazu sollte eine Banderole in den Farben des Bandes der Kriegsdenkmünze gehören. Die Regimenter der Garde- und der Grenadierbrigade waren die ersten, welche - noch kurz vor ihrem Ausmarsch an den Rhein - die ihnen zugedachten vier bzw. sechs Ehrenfahnenspitzen samt Banderolen erhielten. Alle anderen in Frage kommenden Truppenteile bekamen diese erst nach Ende des Feldzuges überwiesen.[12]

Fahnen- und Standartenträger

Träger der Fahne war ein erfahrener Unteroffizier von besonders guter Führung im Rang eines Sergeanten oder Portepeefähnrichs. Von jeder der vier Kompanien des Bataillons sollte ein Unteroffizier als Fahnenbegleiter zu den beiden Feldzeichen kommandiert werden. Fahnenträger und Begleitunteroffiziere wurden zusammen als *Fahnenunteroffiziere* bezeichnet. *"Jeder Fahnenträger steht zwischen zwei Unteroffizieren, welche auch*

9) Geschichte der Kgl. Preuß. Fahnen u. Standarten Bd. I, S. 25f
10) Fiebig S. 89
11) Geschichte der Kgl. Preuß. Fahnen u. Standarten Bd. II, S. 18, 19
12) Geschichte der Kgl. Preuß. Fahnen u. Standarten Bd. I, S. 21f und Bd. II, S. 51
13) Exerzir-Reglement für Infanteri der Kgl. Preuß. Armee 1812, S. 46

bei der Ausführung aller Evolutionen bei ihm bleiben".[13] Obwohl die Retirierfahnen der Bataillone im Feld nicht mehr mitgeführt wurden, blieben deren Träger nebst der beiden Begleitunteroffiziere in den taktischen Formationen des Bataillons an ihrem durch das Reglement 1812 vorgesehenen Platz. Die Gruppe machte alle Bewegungen des Bataillons mit und wurde als *Retirierfahne* bezeichnet. Bei Regimentern, welche keine Fahnen führten, stand dennoch die Sektion der Fahnenunteroffiziere an dem durch das Reglement vorgeschriebenen Platz: *"Bei den Grenadier- und Füsilier-Bataillonen treten an Stelle der Fahnen Unteroffiziere ein".*[13]

Jede Kompanie hatte bei vorschriftsmäßiger Stärke 12 Unteroffiziere, darunter einen Feldwebel (bei der Kavallerie war die Bezeichnung *Wachtmeister*). Feldwebel bzw. Wachtmeister waren die ranghöchsten Unteroffiziersdienstgrade. Bei den *Portépée-Fähnrichen* handelte es sich um Offiziersanwärter. Sie sollten mindestens 17 Jahre alt sein und mehrere Monate als Gemeine dienen, bevor sie das Examen absolvierten und damit ihr Offiziers-Portépée erhielten. Der Betreffende leistete dann noch Unteroffiziersdienst, bis er zum Seconde-Lieutenant befördert wurde. Dabei rangierte er in der Klasse der Unteroffiziere unter dem Feldwebel.

Uniform und Bewaffnung waren für alle Unteroffiziersdienstgrade identisch, die Rangunterschiede wurden lediglich durch Säbeltroddel oder Offiziersportepee angezeigt. Die Bewaffnung sollte aus Bajonettbüchse oder Karabiner sowie dem altpreußischen Seitengewehr 1744 bestehen. Das Bajonett blieb stets aufgesteckt, Futterale wurden dafür nicht mehr verwendet. Die Fahne wurde frei getragen, ein Schulterbandelier zum Einsetzen des Stangenfußes war bei der Infanterie nicht vorgesehen.

Waren die Fahnenunteroffiziere vorgetreten, trat auf das Kommando *"Marsch!"* das gesamte Bataillon mit schlagenden Tambours und spielenden Hoboisten gemeinsam an. Der Adjutant ritt in der Mitte hinter der Bataillonslinie, um während des Frontmarsches den Fahnenträger im Auge zu behalten und etwaige Abweichungen desselben von der befohlenen Richtung sofort zu korrigieren. Beim Kommando *"Bataillon, Halt!"* stand alles still, die vormarschierenden Fahnen-Unteroffiziere traten in die Bataillonslinie zurück. Aus dieser Aufstellung heraus konnte der Befehl zum Frontmachen und Ausrichten *("Ganze Bataillon - Front!", "Points vor!")* oder zum Feuern *(chargiren)* gegeben werden. Die Fahnengruppe bildete den Orientierungspunkt, wenn, z.B. nach erfolgten Bajonett-Angriff, das Bataillon zerstreut war und wieder gesammelt *(ralliiert)* werden sollte.

Kavallerie-Standartenträger

Ein Regiment der Kavallerie bestand vorschriftsmäßig aus vier Eskadronen, welche an Stärke und Anzahl der Dienstgrade einer Infanteriekompanie entsprachen. In der AKO vom 1. Oktober 1811 befahl der König: *"Ich finde Mich veranlaßt, hierdurch zu bestimmen, daß im Fall eines Krieges jedes Kavallerie-Regiment nur eine Estandarte und zwar auf dem rechten Flügel der dritten Eskadron mit ins Feld nehmen soll"*[15]. Die Standarte wurde nach dem Reglement 1812 *"... durch einen vorzüglichen zuverlässigen Unterofficier hoch im rechten Arm getragen".* Im Reglement werden, anders als bei der Infanterie, keine Bedeckungs-Unteroffiziere für den Standartenträger bezeichnet. Reitet die Standarte nicht im Glied, wird sie links und rechts von je einem Unteroffizier flankiert.

Lanzen und Lanzenflaggen

Ein besonders buntes Durcheinander ergab sich aus dem Umstand, dass die Angehörigen der einzelnen Eskadronen, aus

Fahnen der Dragoner-Regimenter

Königin-Dragoner Nr. 1 *behielt die Leibfahne der ehemaligen Königin-Dragoner, vorher Nr. 7. [Fiebig S. 208]*

1. Westpreußische Dragoner Nr. 2 *Mögliche Versionen.*

In der Armee vom Niederrhein führten bei den Kavallerie-Regimentern lediglich die Dragoner-Regimenter Nr. 1, 2, 4, 5 und 6 ein Feldzeichen.
Das Ulanen-Regiment Nr. 2 trug entgegen der Vorschrift eine alte Towarczy-Kompaniefahne (siehe dazu die näheren Ausführungen S. 71).

1. Westpreußischen Dragoner Nr. 2
Führten eine Regimentsfahne der ehemaligen Auer-Dragoner Nr. 6. Nach dem Fahnenbuch Darmstadt hatte das Regiment unter Friedrich II. neue Fahnen mit blauem Tuch - offenbar einige Ersatzstücke, welche bis 1807 zusammen mit dem älteren Muster in Gebrauch waren.

2. Westpreußische Dragoner-Regiment Nr. 4
Gehörte zur Reservekavallerie des III. Korps. Das Regiment hatte - "irrtümlicherweise" - seine Standarte gar nicht mit ins Feld genommen.[14]

Farbige Darstellungen der älteren Dragonerfahnen bei Melzner/Bleckwenn:
Die Uniformen der Preußischen Kavallerie, Husaren und Lanzenreiter 1753-1786. Osnabrück 1979.

welchen die neuen Regimenter zusammengesetzt waren, weiterhin die Uniformen ihrer Stammeinheiten oder aufgelösten Korps trugen. Die mit Lanzen ausgestatteten Reiter hatten in den neu formierten Truppenteilen dazu auch ihre bisherigen Wimpel beibehalten.

In der Armee vom Niederrhein befanden sich alle Ulanen-Regimenter ausser der Nr. 4. An Landwehr-Kavallerie, welche ebenfalls mit Lanzen bewaffnet war, kamen hinzu:

Die Kurmärkischen Regimenter Nr. 1-6, die Schlesischen Regimenter Nr. 1-3, die Pommerschen Regimenter Nr. 1 und 2, sowie die Neumärkischen Landwehr-Kavallerie-Regimenter Nr. 1 und 2. Dazu das Westphälische und das Elb-Landwehr-Kavallerie-Regiment.

14) Fiebig S. 261
15) Geschichte der Kgl. Preuß. Fahnen u. Standarten Bd. II, S. 22

Die Lanze

Originalstücke oder Vorschriften, nach denen sich Maße der preußischen Lanze oder Lanzenflagge 1815 bestimmen ließen, sind nicht bekannt. Die mögliche Größe von Lanze und Flagge läßt sich lediglich anhand einiger guter Ulanendarstellungen, welche vor allem um 1820-40 entstanden sind, annähernd schätzen. Herangezogen wurden hierzu u.a. Zeichnungen der Maler *Franz Krüger* und seines Schülers *Elsholz*, beide sind für die Exaktheit ihrer Arbeiten bekannt. Außerdem die Bildnisse von Garde-Ulanen bei Thümen.[16] Reiter und Lanze auf diesen Bildern ins Verhältnis zueinander gesetzt, lassen auf eine Länge zwischen ca. 3m und 3,20m schließen, was auch für einen nicht gut eingeübten Mann noch handhabbar erscheint.

Zum Vergleich: Die Länge der deutschen Stahlrohrlanze um 1900 wird mit 3,20m angegeben.[17] Möglicherweise hatte sich das Kriegsministerium auch gar nicht dazu veranlasst gesehen, für die Lanze und den daran befindlichen Wimpel Abmessungen vorzugeben und diese wurden innerhalb der einzelnen Truppenteile individuell geregelt.

Zehntes Kapitel. Vom Ralliren.

"Der Stabs-Officier bestimmt, ehe er das Zeichen zum Ralliren geben läßt, durch die Fahne und einige Mann, welche neben dieselbe gestellt werden, die Richtungslinie, in der sich das Bataillon formiren soll."

Exerzir-Reglement für Infanteri der Königlich Preußischen Armee, Berlin 1812. S. 94, Sammeln eines zerstreuten Bataillons.

Lanzenwimpel

Die Lanzenflagge konnte im Felddienst um den Schaft gewikkelt sein. Ulanen-Unteroffiziere trugen im Feldzug 1815 die gleichen Fähnchen an ihren Lanzen wie die Gemeinen. Die A.K.O. vom 1. Juli 1809 bestimmt die Lanzenflaggenfarben der ersten Ulanen-Regimenter, welche in ihrer oberen Hälfte die der Achselklappen, in der unteren die des Kollets zeigen sollten.[18] Für die Wimpel der Landwehr-Kavallerie war nach *Mila* die Kombination von Schwarz und Weiß vorschriftsmäßig, dagegen wären nach Knötel die jeweiligen Provinzfarben bestimmend gewesen.

Tatsächlich kamen etliche Farbkombinationen vor, wie allein die *Elberfelder Bilderhandschrift* zeigt. In den preußischen Ulanen-Regimentern waren alle Glieder mit Lanzen bewaffnet. Bei der Attacke hielten die Leute des ersten Gliedes ihre Lanzen gesenkt. Die Reiter im zweiten Glied hatten die Lanze am linken Bügel, den Armriemen an der Schulter eingehakt, während mit der Rechten der Säbel gehalten wurde.[19]

Auszeichnungen für eroberte Fahnen

„[...] derjenige Soldat, welcher einen General gefangen nimmt, eine Kanone erobert, oder eine Fahne erbeutet, erhält ohne alle weitere Rücksicht die goldene [...] Medaille".

„[...] wenn er invalide wird, auf seine baldige und gute Versorgung vorzüglich Rücksicht genommen werden solle. Mit der goldenen Medaille ist zugleich eine Zulage von 1 Thlr. monatlich verbunden".[20]

Mit der Stiftung des eisernen Kreuzes ersetzte dieses die beiden Klassen der nur für Mannschaften bestimmt gewesenen Kriegsdenkmünze *(„Verdienst-Medaille")*. Bereits vorhandene Ehrenzeichen konnten mit dem Eisernen Kreuz zusammen weiter getragen werden. Die Verleihung erfolgte sowohl an Offiziere als auch an Mannschaften. Als erstes erhielt der Betreffende die II. Klasse des Eisernen Kreuzes. Nur wer diese bereits besaß, konnte das Kreuz der I. Klasse erhalten.[21] Mit der Kriegsdenkmünze wurden alle Kriegsteilnehmer des Feldzugs 1813-14 ausgezeichnet.

Aus den Kämpfen 1815

25. Infanterie-Regiment. Freiwilliges Jägerdetachement, Wagnelée, 16. Juni 1815

Im II. Korps, 5. Brigade. Bei Wagnelée, *"unweit des Dorfes"*, welches am äußeren rechten Rand des preußischen rechten Flügels liegt, kommandiert Lieutenant Luckow etwa fünf Uhr nachmittags die beiden Züge des Freiwilligen-Detachements dieses Regiments. Hier kommt es *"in einzeln liegenden Gehöften zu blutigem Einzelkampfe"* bei dem Versuch, den Feind aus den hartnäckig verteidigten Gebäuden zu vertreiben. Lieutenant Schmied kann mit etwa 30 bis 40 freiwilligen Jägern und Füsilieren bis zum Hinterausgang eines der Gehöfte vordringen, welches von zwei Grenadierkompanien und Voltigeuren der *70e Infanterie de ligne* besetzt ist. Nach einem wütenden Handgemenge reißt Füsilier Alte von der 4. Kompanie einem getöteten französischen Offizier die Epauletten ab, Jäger Stosch greift sich dessen Degen als Beute.

"Da stürzten plötzlich aus derselben Thür die noch zurückgebliebenen französischen Grenadiere heraus, den Adler und zwei dreifarbige Fahnen in ihrer Mitte. Die unseren empfingen sie mit einem Kugelregen, einer der Fahnenträger stürzte, in den Kopf getroffen; krampfhaft hielt er die Fahnenstange fest, auf welcher, als er im Todeskampfe noch einmal aufsprang, der, bisher durch das dreifarbige Fahnenblatt verdeckte, Adler sichtbar wurde. Mit Hurrah stürmten die Jäger darauf los; da sie aber Büchsen ohne Bajonett führten, vermochten sie nicht in die geschlossene Schaar der Grenadiere, welche ihnen ihre ellenlangen Gewehrspieße entgegenhielten, einzudringen; Verstärkung kam ihnen zu Hülfe und deckte ihren Rückzug."[22]

Bei *Wagnelée* bestand das 25. Regiment überwiegend aus Infanteristen des ehemaligen Lützower Freikorps in schwarzen Lithewken. 179 Mann rheinländische Ersatzmannschaften, welche das Regiment erst am Morgen zugeteilt bekommen hatte, waren feldflüchtig geworden. Einige der im Mai und Juni neu angekommenen Jäger waren sehr wahrscheinlich bereits in die vorschriftsmäßige grüne Montur gekleidet. Kopfbedeckungen waren neben Tschakos sicher auch Feldmützen.

25. Infanterie-Regiment, II. Batl. bei Wagnelée, 16. Juni 1815

Lieutenant Schnelle, ein Mecklenburger, führte die Plänkler bei einem Angriff in Richtung *St. Amand le Hameau*. Begünstigt durch das hohe Getreide, war er *"mit solcher Entschlossenheit vorgegangen, daß er sich plötzlich in unmittelbarer Nähe derjenigen Abtheilung des feindlichen Bataillons vorfand, bei welchem die dreifarbige Fahne den goldenen Adler umflatterte"*.

Tollkühn stürzt sich Schnelle, seinen Leuten weit vorauseilend, auf den Fahnenträger und ist im Begriff, diesem das begehrte Kleinod zu entreißen, als eine Gewehrkugel ihn im Schenkel trifft und er schwer verwundet niederfällt. Vor einer Gruppe nachstürmender Plänkler weicht das französische Bataillon zurück, mit seinem Adler. *"Die Feinde wichen unserm Anlauf; wir hoben den Verwundeten auf ein Pferd, an welchem sein Blut herunterquoll und brachten ihn nach dem nahen Dorfe. Er lechzte nach Wasser; mit einigen Soldaten brach ich in ein brennendes Haus ein und fand Wasser, [...] Schnelle starb in Folge seiner Verwundung im Lazareth zu Löwen.*[22]

---

16) Die Uniformen der preußischen Garden, Berlin 1840
17) v. Mirus´ Leitfaden für die Kavallerie. Berlin 1904, S.110
18) Textanmerkung bei Courbière, Blatt 29
19) Berker, Gefechtsformen der Kavallerie 1810-15. Witten 1977
20) Ergänzungs-A.K.O. vom 24. 3. 1807 zur "Verordnung wegen der Verdienstmedaillen bei dem Militair", in: Auszug aus den Verordnungen über die Verfassung der Kgl. Preuß.. Armee 1810, S. 219f und bei v. Ledebur, S. 824
21) v. Ledebur, S. 843
22) Förster Befreiungskriege, Band 3 Teil 2, S. S. 852ff

Ulanen und Landwehr-Kavallerie/National-Kavallerie: Lanzenwimpel

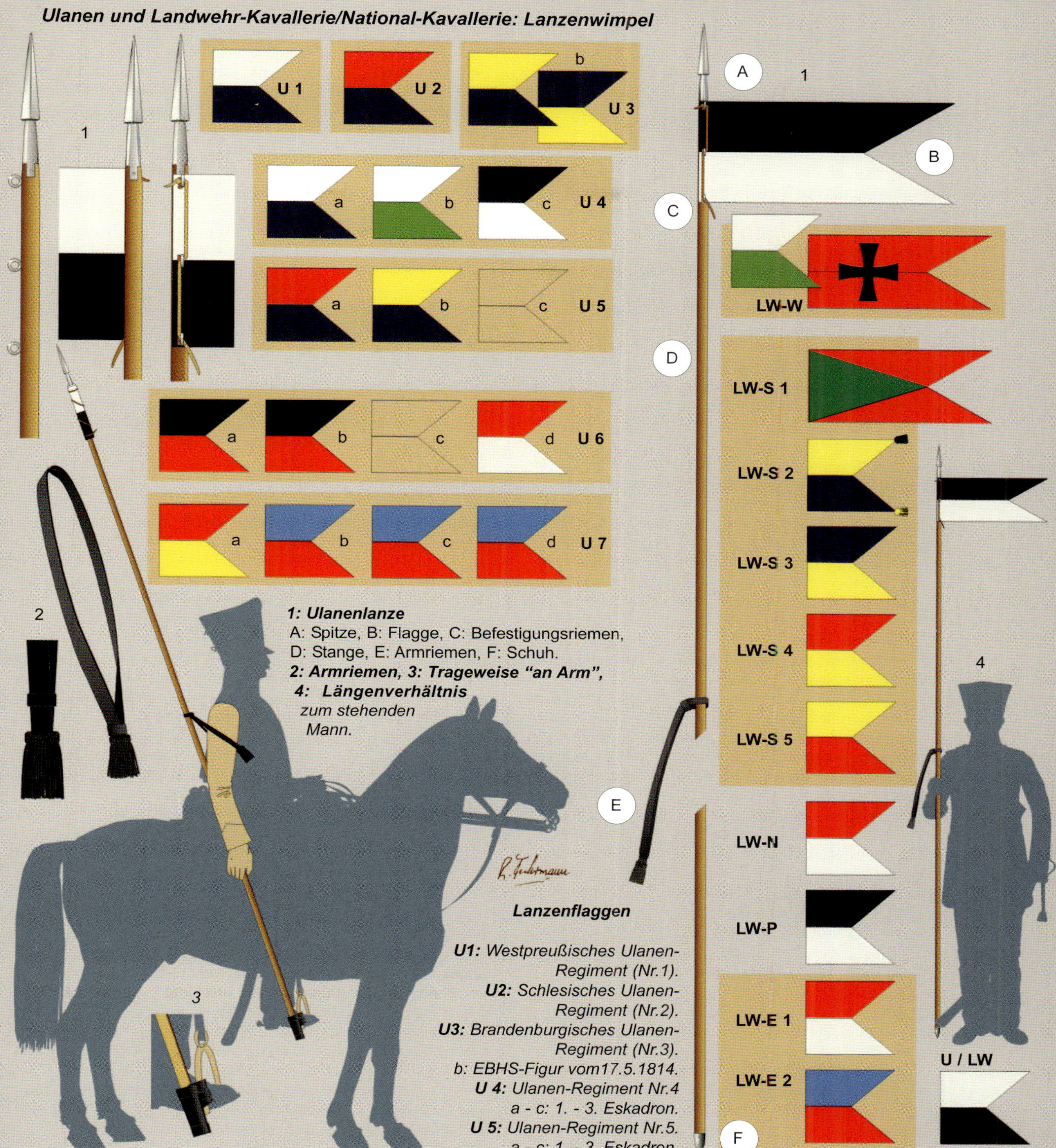

1: Ulanenlanze
A: Spitze, B: Flagge, C: Befestigungsriemen, D: Stange, E: Armriemen, F: Schuh.
2: Armriemen, 3: Trageweise "an Arm",
4: Längenverhältnis *zum stehenden Mann.*

Lanzenflaggen

U1: *Westpreußisches Ulanen-Regiment (Nr.1).*
U2: *Schlesisches Ulanen-Regiment (Nr.2).*
U3: *Brandenburgisches Ulanen-Regiment (Nr.3).*
b: EBHS-Figur vom17.5.1814.
U 4: *Ulanen-Regiment Nr.4*
a - c: 1. - 3. Eskadron.
U 5: *Ulanen-Regiment Nr.5.*
a - c: 1. - 3. Eskadron.

U 6: *Ulanen-Regiment Nr.6. 6a und 6b: je eine Eskadrone Lützower Ulanen, c: Eskadron Lützower Husaren, d: Abteilung freiwilliger Bremer Ulanen.*
U 7: *Ulanen-Regiment Nr.7. 7a und 7b: Eskadron v. Hellwig Husaren [7a: EBHS-Figur vom 5.11.1815]. 7b: Nur das 1. Glied hatte Lanzen [Wimpel nach Pietsch]. Sächsische Ulanen bildeten die 3. und 4. Eskadron (7c, 7d).*
U/LW: *Am 13. März 1815 befohlenes Einheitsmuster für alle Lanzenträger, eingeführt erst nach dem Feldzug 1815.*
LW-W: *Westfälische Landwehr-Kavallerie. Landwehrmann und Freiwilliger.*

LW-S1 - LW-S5: *Schlesische Landwehr-Kavallerie:*
LW-S2: *Angehöriger [EBHS]* ***LW-S3 und 4:*** *Freiwilliger Jäger, [EBHS].* ***LWS-5:*** *Landwehrmann, 3. Regiment [KGU].*

LW-N, LW-P: *Neumärkische und Pommersche,*
LW-E 1, 2: *Elb-Landwehr-Kavallerie [alle EBHS].*

[KGU: Richard Knötel, Große Uniformenkunde.Band XIV, Nr. 3].
[EBHS: Nach zeitgenössischen Figuren in: Die Elberfelder Bilderhandschrift. Bearbeitung des Manuskripts von Peter Schuchardt, Herne 2004].

1. Westpreußisches Infanterie-Regiment Nr. 6, Ligny

Im I. Korps, 3. Brigade. Die Fahnen stammten aus dem Jahre 1773, trugen in den Spitzen den Namenszug FR, Stangen weiß gestrichen.[25] Bei Ligny wurde die Stange der Fahne des I. Bataillons zerschmettert. Die Bruchstelle befand sich knapp unterhalb der Stangenmitte, die Beschädigung wurde 1821 durch einen etwa 15cm hohen silbernen Ring geschient.[26]

Bei Ligny weicht die preußische Infanterie in aufgelösten Bataillonen in einer Massenflucht vor den Franzosen zurück. Da eilt Major Graf Monts (II./23) mit seinem Bataillon im Sturmschritt vor. General von Krafft reißt dem Junker eines vor zu großer Übermacht schwankenden Bataillons die Fahne aus der Hand und ruft den Resten verschiedener Truppenteile zu, sich *„um dieses Zeichen, das schon zu manchem Siege geführt"*, zu sammeln.

Nach Lehmann handelte es sich wahrscheinlich um eine Fahne des 1. oder 2. Westpreußischen Infanterie-Regiments. Die Gefechtsberichte ergaben darüber keinen weiteren Aufschluß. Generalmajor v. Krafft selbst schreibt in seinem Bericht der Ereignisse von Ligny dazu:

"Ich mußte darauf denken, die auf diesem Punkte zurückgegangenen Truppen von anderen Brigaden wieder zu formiren. Da sie aber bereits viel gelitten hatten und aus dem Dorfe nicht anders als zerstreute heraus kommen konnten, so wurde ihre Formirung sehr schwierig, und ich hielt es für das zweckmäßigste die Fahne eines Bataillons - ich weiß nicht welches - zum Sammelpunkt anzuhalten und nun aus allen Kräften dahin zu arbeiten, daß die Formirung der Bataillone bewerkstelligt wurde."[27]

Dem 1. Westpreußischen Infanterie-Regiment war eine seiner Fahnen verloren gegangen, weil nach Auffassung Blüchers *"der sie tragende Fähnrich seiner Ehre und Pflicht nicht eingedenk gewesen sei."* Die Fahne ist jedoch, wie Generallieutenant v. Zieten in seinem Bericht vom 21. September 1815 an Blücher betont, kurze Zeit später wieder aufgetaucht und war niemals in feindlichen Händen gewesen. Sie war während des Angriffs auf St. Amand durch einen vom König selbst geschickten Portepee-Fähnrich hinter die Kampflinie in Sicherheit gebracht worden. In Hinsicht auf *Blüchers* Anschuldigung beruft sich Zieten auf eine frühere Allerhöchste Bestimmung *"die Fahnen zurückgeschickt werden sollten, wenn ein Regiment einen Angriff im kupirten Terrain machen sollte"*. Das Gelände von *St. Amand* aber besaß eben jene von *Zieten* zitierte durchschnittene Beschaffenheit. Das Regiment *"machte diesen Angriff mit wahrer Preußischer Tapferkeit, nahm das Dorf und behauptete den oberen Theil bis zum Ende der Schlacht gegen die wiederholten Angriffe der feindlichen Übermacht"*.[28]

2. Westpreußisches Infanterie-Regiment Nr. 7, Ligny

Im I. Korps, 3. Brigade. Die Fahnen waren erstmals 1798 verliehen worden, die Stangen waren weiß gestrichen. Das Tuch der Leibfahne wurde bei Ligny *"mehrfach durch feindliche Geschosse verletzt"*. Spitzen und Tücher sollen, beruhend auf *"Reichensteinschen Fahnenbildern im Meldezimmer des Kriegsministeriums"* als Namenszug FWR gezeigt haben.[29]

2. Westpreußisches Infanterie-Regiment, II. Bataillon, Ligny

Die Stange war nach mehreren Beschädigungen 1813 zerbrochen und danach erneuert worden. In der Schlacht bei Ligny wurde die Fahnenstange wieder getroffen, das Tuch von mehreren Geschossen zerfetzt. In dem um den Besitz der Fahne stattgefundenen Ringen wurde die Stange etwa 170 cm unterhalb der Spitze zerbrochen.

In der Schlacht ergreift Premierlieutenant v. Bojan die Fahne und bewirkt dadurch, dass das durch mehrere enge Passagen geteilte Bataillon sich sammelt. Der Offizier wird mit der Fahne in der Hand verwundet. Bei dem nunmehr nötig werdenden Rückzug wird auch Fahnenunteroffizier Rosenberg getroffen und, auf etwa 50 Schritt von dem Bataillon, niedergemacht. Um die Fahne zu sichern versucht ihr Träger, der Portepeefähnrich Schulze, neben der Dorfstraße von *Ligny*, längs der Gärten, an der Kolonne der eigenen Leute vorbeizukommen.

Während er eben im Begriff ist, mit der Fahne über einen Zaun zu steigen, prallen mehrere französische Tirailleurs aus einem Gehöft hervor. Einer greift sofort nach der Fahne und im Ringen um sie zerbricht die bereits durch einen Kartätschentreffer angeschossene Stange.

Schulze verteidigt die Fahne mit seinem Seitengewehr, bis der Gegner von dem zu Hilfe eilenden Musketier Schwenke niedergestoßen wird. Zwei andere Tirailleurs werden ebenfalls mit dem Bajonett niedergeschoßen, der eine von Schwenke, der andere von dem Musketier Butzke. Nun springen noch Leute der Fahnensektion hinzu und feuern ihre Musketen ab. Der Fahnenträger nutzt die Gelegenheit, das stark lädierte Feldzeichen zum Ende der Bataillonskolonne in Sicherheit zu bringen, wobei er einen Prellschuß an das Bein und einen Schuß durch den Tschako erhält.

Die zerbrochene Fahnenstange wurde später durch einen Schaftring mit einer entsprechenden Erinnerungs-Inschrift geschient (siehe Textkasten S. 66).[30]

1. Schlesisches Infanterie-Regiment Nr. 10

Im IV. Korps, 13. Brigade. Die Schlesier hatten beide Fahnen 1814 bei Etoges eingebüßt. Der Verlust war als *"unter ehrenvollen Umständen erfolgt"* anerkannt worden und das Regiment bekam mit A.K.O. vom 3. Juni 1814 zwei neue Fahnen verliehen. Übergeben wurden diese Feldzeichen jedoch erst im September 1815, so dass während des Feldzuges 1815 keine Fahnen geführt wurden.[31]

Im Februar 1814 war im Laufe des ungeordneten Rückzugs aus dem Dorf Janvillers aufgrund eines Angriffs zahlenmäßig weit überlegener feindlicher Kräfte eine der Fahnen verloren gegangen. Bei der zweiten Fahne war die Stange zerbrochen, sie wurde an der in einem Wald liegenden Gefechtsposition des I. Bataillons vergraben, *"da es schon ganz vom Feinde umgangen und die Erhaltung derselben unmöglich war"*. Am 18. Juni hatten die Schlesier *"bei La Belle Alliance"* das Glück, vom *"Herrn Grafen Bülow von Dennewitz auf dem Schlachtfeld bemerkt zu werden und Höchstdessen Zufriedenheit einzuernten"*. Am 30. Juni soll das Regiment bei Aubervillers in der Nähe von Paris dem Feind eine Fahne abgenommen haben.[32]

2. Schlesisches Infanterie-Regiment Nr. 11, I. Bataillon, Plancenoit

Im IV. Korps, 14. Brigade. Die Fahnen, welche das Regiment 1809 empfangen hatte, waren erstmals 1779 verliehen worden, die Stangenfarbe weiß. Beim Sturm auf den Kirchhof von *Plancenoit* dringen in dem Augenblick, als der Befehl *"Kehrt!"* erschallt, ein Dutzend französischer Garde-Grenadiere auf die Fahne ein. Der Fahnenträger Unteroffizier Schmidt wirft sich auf das Pferd des eben erschossenen Majors von Aulock, sprengt mit der Fahne in der Hand mitten durch die verblüfften Feinde aus dem Getümmel und rettet das Feldzeichen.[33]

---

25) *Geschichte der Kgl. Preuß. Fahnen u. Standarten Bd. I, S. 185 sowie Fiebig S. 256*
26) *Geschichte der Kgl. Preuß. Fahnen u. Standarten Bd. I, S. 185*
27) *Obiges Werk, jedoch Band "Nachtrag 1895", S. 602*
28) *Geschichte der Kgl. Preuß. Fahnen u. Standarten Bd. I, S. 29 und Bd. II, S. 79.*
29) *Geschichte der Kgl. Preuß. Fahnen u. Standarten Bd. I, S. 188*
30) *ebenda, S. 190f*
31) *ebenda, S. 197, Bd. II S. 55f.*
32) *Geschichte der Kgl. Preuß. Fahnen u. Standarten Bd. II, S. 55-56*
33) *Geschichte der Kgl. Preuß. Fahnen u. Standarten Bd. I, S. 261, Fiebig S. 258*

II. Bataillon, Plancenoit

Der Träger der Fahne, Unteroffizier Peter, hatte in der Schlacht bei Groß-Görschen bereits das Feldzeichen des Bataillons getragen und war dort schwer verwundet worden. Bei Plancenoit ist er wieder an der Spitze der Angreifer und ermunterte die Leute, ihm zu folgen. Während des Sturms auf den Kirchhof wird die Fahnenstange, etwa in ihrer Mitte, von einem Granatsplitter zerschmettert, während Peter sie an der Schulter trägt. Er sammelt die Stücke von der Erde auf und eilt seinem Bataillon nach. Die beschädigte Fahne behütet er während des folgenden *"heißen Kampfes"* sorgsam.

In Paris wird die Bruchstelle mit einer Messinghülse geschient, welche später in der heimatlichen Garnison durch einen 17cm breiten Silberring ersetzt wird.[34]

23. Infanterie-Regiment, I. Bataillon, 3. Kompanie, Ligny

Gehörte zum II. Korps, 8. Brigade. Die Musketiere Kostelnik und Borscht erobern die Bänder und den *"oberen Teil"* eines Adlers, angeblich von Grenadieren der Alten Garde.

Ein Teil der französischen Grenadierkolonne behauptet hartnäckig den Ausgang des Dorfes. Der *"in allen Schlachten sich so brav bewiesene"* Unteroffizier Hübner greift zusammen mit den beiden als Plänkler eingesetzten Musketieren Kostelnik und Borscht einige Grenadiere mit dem Bajonett an, welche den Fahnenträger umgeben.

Es kommt zum Handgemenge, wobei die Fahne *"in Stücke zerrissen"*, der Fahnenträger niedergestoßen wird. Die beiden Musketiere *"behaupteten den Platz und brachten den oberen Theil der Fahne glücklich zum Bataillon, wo sie sich zum Beweise dieser muthvollen That befindet. Der Unteroffizier Hübner ward hierbei erschossen."* Blücher übersandte dem König später ein Paket mit der Trophäe, welches gemäß der Quittung der Feldpostexpedition vom 27. Juni 1815 eine dreifarbige Schärpe enthielt.[35]

Der geschilderte Hergang ist indes anzuzweifeln: Die Fahne der Gardegrenadiere war, wie die meisten anderen Feldzeichen der Armee Napoleons, auf Befehl des bourbonischen Kriegsministeriums im September 1815 im Arsenal von Bourges zerstört worden. Das Aufnahmeverzeichnis bestätigt den Eingang des kompletten Feldzeichens - mitsamt vollständiger Cravate.[36]

Schlesisches Ulanen-Regiment Nr. 2, Feldzug 1815

Das Regiment war 1808 aus der Hälfte des acht Eskadronen starken Regiments *Towarczys* formiert worden. Zusätzlich zu einer Regimentsfahne und zwei Bataillonsfahnen hatten die Towarczys noch bei jeder Eskadron eine Fahne unterschiedlicher Grundfarbe gehabt. Die Schlesischen Ulanen führten davon im Feldzug 1815 noch die rote Eskadronsfahne.

Alle anderen dieser ursprünglich vorhandenen acht Fahnen waren bis 1813 in Berlin abgegeben worden bzw. verloren gegangen.[37] Diese seidenen Eskadronsfahnen hatten die Gestalt großer Lanzenflaggen und waren mit dem zur Sonne fliegenden Adler in einem Lorbeerkranz in feiner Ausführung bemalt. Die Maße eines im Deutschen Historischen Museum befindlichen Stückes betragen 106,5cm Höhe an der Stange und 168cm bis zu den fliegenden Spitzen.[38]

1. Neumärkisches Landwehr-Kavallerie-Regiment, Ligny

Bei der Reservekavallerie des IV. Korps. Das Regiment soll *"Auf dem Schlachtfelde von La Belle Aliance"* den Adler der 12e Infanterie Légère erbeutet und am 17. Juli 1815 dem König überreicht haben.[39] *Oliver Schmidt* bemerkt dazu, das 12e (im II. Korps, Division Girard) habe sich bei Ligny im Einsatz befunden, denn dort sei das Regiment noch am 17. Juni verblieben.

Das 1. Neumärkische Landwehr-Kavallerie-Regiment dagegen war nicht bei Ligny, sondern in der Schlacht von Waterloo in Kampfhandlungen verwickelt.

Der Regimentsbericht erwähnt die Eroberung eines Adlers

Leibfahne für Linien-Infanterie, Muster 1808 mit Colberg-Ehrenschildchen

Die Regimentsfahnen dieses Musters waren bis auf gewechselte Farben - schwarzer Grund, weiße Keile - mit der abgebildeten Fahne identisch, das Medaillon stets orangefarben. "Colberg 1807." war von Friedrich Wilhelm III. als Auszeichnung jenen Regimentern verliehen worden, deren Stammformationen an der Verteidigung dieser Festung teilgenommen hatten.

Der Adler, die Lorbeerkränze und Kronen sowie die Eckenmonogramme („FWR") unterscheiden den neuen Fahnentyp deutlich von den vorangegangenen Mustern.

Das I. Bataillon des Leib-Infanterie-Regiments (im Einsatz bei Ligny und Wavre) führte diesen Leibfahnentyp, das II. Bataillon die zu obigem Muster gehörende Regimentsfahne.

Im Colbergschen Infanterie-Regiment trugen sowohl das I. als auch das II. Bataillon die Regimentsfahnenvariante. Die Leibfahne war 1813 an die Garde abgegeben worden (Einsätze bei Ligny und Waterloo).

[Geschichte der Königlich Preußischen Fahnen und Standarten, Band II].

ebensowenig wie die Reports höherer Kommandeure oder der des Generalfeldmarschalls Blücher. Das Regiment hatte keine mit einer Fahneneroberung in Zusammenhang stehende Auszeichnung erhalten.

Nach den Erkenntnissen von Pierre Charrié handelte es sich bei der angeblichen Eroberung um einen Adler des Modells 1804, welcher 1814 als Beutestück aus Paris mitgenommen wurde - Blücher hatte aber laut Lehmann gerade diesen Adler als von den Neumärkern erobert an den König gesandt.

1946 wurde das Feldzeichen an Frankreich zurückgegeben, es befindet sich seitdem im Armeemuseum in Paris.[36]

---

34) Geschichte der Kgl. Preuß. Fahnen u. Standarten Bd. I, S. 262
35) Lehmann, Gustav: Trophäen des preuß. Heeres, S. 30.
36) Charrié, Pierre: Aigles et Drapeaux en 1815. 1987
37) Geschichte der Kgl. Preuß. Fahnen u. Standarten Bd. II, S. 16
38) Farben der Geschichte, Abb. und Beschreibung S. 39
39) Lehmann, Gustav: Trophäen des preuß. Heeres, S., 31

Literaturauszug

Aerts, Winand: Der Künstler fertigte um 1900 im Auftrag des Bomann-Museums in Celle eine Serie von *Farbzeichnungen über Soldaten und Ausrüstung der Deutsch-Englischen Legion und der hannoverschen Armee* an. Reproduktionen in der Sammlung des Autors.

Amsel, Lutz: *Die etatmäßigen Dienstgrade und Dienststellungen in der französischen Armee 1804-1815.* Manuskript HEERE & WAFFEN Reihe Zeughaus-Verlag Berlin 2011, erscheint 2012/2013.

Arco, Alain: Les Batailles Oubliées. Les Quatre Bras 16 juin 1815. Annecy 2005

Auszug aus den Verordnungen über die Verfassung der Königlich preußischen Armee welche seit dem Tilsiter Frieden ergangen sind. Berlin 1810. Nachdruck Buchholz-Sprötze 2001.

Bode, Benno: *Die Schlacht bei der Göhrde 16. September 1813. Ein Heimatbuch [...] zum Jubelfeste 1913.* Hannover 1913.

Boulger, Demetrius C.: *The Belgians at Waterloo.*Sussex o. J.

Bourgeot, Vincent / Pigeard, Alain: *Encyclopédie des Uniformes Napoléoniens 1800-1815* 2003.

Braunschweig-Oels, Herzog Friedrich Wilhelm von: *Exercierreglement für die Braunschweigische Infanterie*, Auszüge, Braunschweig 1815.

Exerzir-Reglement für die Infanterie der Königlich Preußischen Armee. Berlin 1812. Neudruck Starnberg 1988.

Bucquoy, Cdt.: *Les Uniformes du Premier Empire. La Garde Impériale. Troupes à Cheval.* Paris 1977.

Chappell, Mike: *The King´s German Legion (1) 1803-1812.* Oxford 2000.

Chappell, Mike: *The King´s German Legion (2) 1812-1816.* Oxford 2000.

Coppens, Bernard/Courcelle, Patrice: *Le Chemin d´Ohain. Waterloo 1815.* Les Carnets de la Campagne - N°2. Brüssel 1999.

Coppens, Bernard/Courcelle, Patrice: *La Haie-Sainte. Waterloo 1815.* Les Carnets de la Campagne - N°3. Brüssel 2000.

Coppens, Bernard/Courcelle, Patrice: *La Papeleotte. Waterloo 1815.* Les Carnets de la Campagne - N°4. Brüssel 2000.

Coppens, Bernard: *Les Armées de. Waterloo 1815.* Les Planches de la Belle-Alliance N°1. Brüssel 1999.

Courcelle, Patrice/Pawly, Ronald: Wellington´s Belgian Allies 1815. Oxford 2001.

Courbiere: *Tafelserie mit Aquarellzeichnungen über die preußische Armee*, entstanden um 1900 in Preußen. Sammlung Anne S.K. Brown, Providence, Rhode Island, USA.

Fallou, L.: *La Garde Impériale (1804-1815).* Paris 1901.

Farben der Geschichte. Fahnen und Flaggen. Aus den Sammlungen des Deutschen Historischen Museums. Berlin 2007.

Fastenau, J., Dr.: *Führer durch das Provinzial-Museum in Hannover. III. Die Waffensammlung.* Hannover 1910.

Fletcher, Ian/Younghusband, William: Wellington´s Foot Guards. London 1994.

Fiebig, Ewald: *Unsterbliche treue. Das Heldenlied der Fahnen und Standarten des deutschen Heeres.* Berlin 1936.

Förster, Dr. Fr.: *Neuere und neueste Preußische Geschichte.* "Fünfter Band (Befreiungskriege, dritter Band)". Berlin 1866.

Förster, Dr. Fr.: *Neuere und neueste Preußische Geschichte.* "Band 3 Teil 2" (1815 - ca. 1820). Berlin 1861.

Fraser, Edward: *The War Drama of the Eagles. Napoleons Standard-Bearers on the Battlefield in Victory and Defeat from Austerlitz to Waterloo. A Record of hard Fighting, Heroism and Adventure.* New York 1912.

Gärtner, Markus: *Die Infanterie des Herzogtums Nassau im Feldzug 1815. Organisation und Uniformierung.* (L'infanterie du Duché de Nassau pendant la campagne de 1815, erschienen in Soldats napoleoniens, Hors serie 1, Oktober 2008).

General Regulations and Orders for the Army. To 1st January 1816. London 1970.

Geschichte der Königlich Preußischen Fahnen und Standarten seit dem Jahre 1807. Bearbeitet vom Königlichen Kriegsministerium. Berlin: Erster und Zweiter Band 1889. Erster und Zweiter Nachtrag 1890, 1895.

Geschichte des Herzogl. Braunschweigischen Infanterie-Regiments Nr. 92, 2. Band. Von der Errichtung des Truppenkorps 1813 bis zum Ausbruch des Krieges 1870. Bearbeitet von Kortzfleisch,. Braunschweig 1898.

Hamilton Smith, Charles/Haythornthwaite, Philip J.: *Wellington´s Army. The Uniforms of the British Soldier, 1812-1815.* London 2002.

Hamilton-Williams, David: *Waterloo New Perspectives. The Great Battle Reappraised.* London 1993.

Hannoversche Geschichtsblätter. Veröffentlichungen aus dem Archive, der Bibliothek, dem Kestner-Museum und dem vaterländischen Museum der Stadt Hannover. Zeitschrift des Vereins für Geschichte der Stadt Hannover. 26. Jahrgang. Hannover 1928.

Herrmann, Friedrich: *Hannover 1815. Uniformierung von Feld- und Landwehr-Bataillonen.* In Zeitschrift für Heeres- und Uniformkunde 1959.

Houssaye, Henry: *1815 Waterloo.* Paris 1912.

Jany, Curt: *Geschichte der Preußischen Armee vom 15. Jahrhundert bis 1914.* Vierter Band. Osnabrück 1967.

Keegan, John: *Die Schlacht. Azincourt 1415 - Waterloo 1815 - Somme 1916.* Nördlingen 1981.

Kling, Constantin: *Geschichte der Bewaffnung und Ausrüstung des Königlich Preußischen Heeres. Erster Teil. Die Infanterie-Regimenter im Jahre 1806.* Weimar 1902.

Kling, Constantin: *Geschichte der Bewaffnung und Ausrüstung des Königlich Preußischen Heeres. Zweiter Teil. Die Kürassier- und Dragoner-Regimenter seit Anfang des 18. Jahrhunderts bis zur Reorganisation der Armee 1808.* Weimar 1906.

Lachouque, Henry, Commandant: Waterloo. London 1975.

Lehmann, Gustav: *Die Trophäen des Preußischen Heeres in der Königlichen Hof- und Garnisonskirche zu Potsdam.* Herausgegeben vom Königlichen Kriegsministerium, Berlin 1899.

Leonhard, Johann Peter: Aus den Erinnerungen. Villmar 1862. http://www.villmar.de/Geschichte.htm

Malibran, H.: *Guide à l´Usage des Artistes ...contenant la Description des Uniformes de l´Armee francaise 1780 à 1848.* Paris o. J.

Mastnak, Jens, Tänzer, Michael-Andreas: *Diese denckwürdige und mörderische Schlacht. Die Hannoveraner bei Waterloo.* Celle 2003.

Mercer, Cavalié: *Journal of the Waterloo Campaign. London 1927.*

Museum der Stadt Hannover. *Veröffentlichungen des Vaterländischen Museums Nr. 5*, 2. Auflage, Hannover 1925.

Neubecker, Ottfried: *Historische Fahnen. Die Welt in Bildern.* Album 8. Um 1932.

Norman, C.A.: *The Dutch-Belgian Army at Waterloo*, in: Tradition Magazine Nrs. 46-48, London.

Ortenburg, Georg: *Braunschweigisches Militär.* Elm Verlag 1987.

Over, Keith: *Flags and Standards of the Napoleonic Wars.* New York 1976.

Pivka, Otto v. /Roffe, Michael: *The Black Brunswickers.* Osprey Publishing Limited 1973.

Pivka, Otto v./Fosten, Bryan: *Brunswick Troops 1809-15.* 1985.

Pietsch, Paul: *Formations- und Uniformierungsgeschichte des preußischen Heeres 1808-1914. Band II: Kavallerie u. a.* Hamburg 1966.

Pflugk-Harttung, Dr. Julius v.: *Belle-Alliance (Verbündetes Heer).* Berlin 1915.

Pawly, Ronald / Courcelle, Patrice: *Wellington´s Belgian Allies 1815.* Oxford 2001.

Preßler, Dr. Wilhelm: *Die hannoverschen Fahnen im Vaterländischen Museum*

Reitzenstein, J. Freiherr von / Brandis, Schütz von: *Übersicht der Geschichte der Hannoverschen Armee von 1617 bis 1866.* Hannover und Leipzig 1903.

Roo, Hans van: *Netherlands Uniforms at Waterloo. Campaigns-Magazin Nr. 17.*

Rosendahl, Erich: *Die Fahnen der Deutschen Legion aufgrund urkundlichen Aktenmaterials.* In: Hannoversche Geschichtsblätter, Fünfter Band / Heft 3, Hannover 1938.

Rößler, Ph. von: *Die Geschichte der Herzoglich Nassauischen Truppen.* Wiesbaden 1863.

Rousselot, Loucien / Ryan, Edward: *Napoleon´s Elite Cavalry. Cavalry of the Imperial Guard, 1804-1815. The Paintings of Lucien Rousselot.* London, Pennsylvania 1999.

Saint-Hilaire, Émile Marco de: *Histoire populaire de la Garde Impériale.* Paris 1854.

Schmidt, Oliver / Noon, Steve: Prussian Regular Infantryman 1808-15. Oxford und New York 2003.

Schwertfeger, Bernhard: *Geschichte der Königlich Deutschen Legion 1803-1816.* Erster Band, Zweiter Band. Hannover/Leipzig 1907.

Sichart, A. und R. von: *Geschichte der Königlich-Hannoverschen Armee.* Fünfter Band. Hannover und Leipzig 1898.

The Battle of Waterloo. Containing the Accounts published by Authority British and Foreign and other relative Documents. London 1815. Nachdruck London 2005.

Thorburn, E. A.: *The Scots Greys at Waterloo. What really happened?.* World EXPO magazine Spec. Edit Washington 1993.

Vollmer, Udo: Die Armee des Königreichs Hannover. Bewaffnung und Geschichte 1803-1866. Schwäbisch Hall 1978.

Wenzlik, Detlef: *Waterloo. Der Feldzug von 1815.* Die Napoleonischen Kriege - Band 4. Hamburg 1997.

Wood, Stephen: *The Scotish Soldier.* Manchester 1987.